한 번에 합격, 자격증

KB120936

이렇게 기막힌 적중률

함께 공부하고 특별한 혜택까지!

이기적 스터디 카페 🔍

구독자 13만 명, 전강 무료!

이기적 유튜브 🔍

자격증 독학, 어렵지 않다!
수험생 합격 전담마크

이기적 스터디 카페

 스터디 만들어 함께 공부

 전문가와 1:1 질문답변

 프리미엄 구매인증 자료

 365일 진행되는 이벤트

이기적 스터디 카페 🔍

인증만 하면, **고퀄리티 강의**가 **무료!**

100% 무료 강의

영진닷컴 이기적

1년 365일 이기적이 쏜다!

365일 진행되는 이벤트에 참여하고 다양한 혜택을 누리세요.

EVENT ❶

기출문제 복원

- 이기적 독자 수험생 대상
- 응시일로부터 7일 이내 시험만 가능
- 스터디 카페의 링크 클릭하여 제보

이벤트 자세히 보기 ▶

EVENT ❷

합격 후기 작성

- 이기적 스터디 카페의 가이드 준수
- 네이버 카페 또는 개인 SNS에 등록 후
  이기적 스터디 카페에 인증

이벤트 자세히 보기 ▶

EVENT ❸

온라인 서점 리뷰

- 온라인 서점 구매자 대상
- 한줄평 또는 텍스트 & 포토리뷰 작성 후
  이기적 스터디 카페에 인증

이벤트 자세히 보기 ▶

EVENT ❹

정오표 제보

- 이름, 연락처 필수 기재
- 도서명, 페이지, 수정사항 작성
- book2@youngjin.com으로 제보

이벤트 자세히 보기 ▶

| N Pay |
| 네이버페이 포인트 쿠폰 20,000원 |

영진닷컴 쇼핑몰 30,000원

- N페이 포인트 5,000~20,000원 지급
- 영진닷컴 쇼핑몰 30,000원 적립
- 30,000원 미만의 영진닷컴 도서 증정

※이벤트별 혜택은 변경될 수 있으므로 자세한 내용은 해당 QR을 참고하세요.

이기적 크루를 찾습니다!

WANTED

저자 · 강사 · 감수자 · 베타테스터 상시 모집

저자 · 강사

분야 수험서 전 분야
수험서 집필 혹은 동영상 강의 촬영

요건 관련 강사, 유튜버, 블로거 우대

혜택 이기적 수험서 저자 · 강사 자격
집필 경력 증명서 발급

감수자

분야 수험서 전 분야

요건 관련 전문 지식 보유자

혜택 소정의 감수료
도서 내 감수자 이름 기재
저자 모집 시 우대(우수 감수자)

베타테스터

분야 수험서 전 분야

요건 관련 수험생, 전공자, 교사/강사

혜택 활동 인증서 & 참여 도서 1권
영진닷컴 쇼핑몰 30,000원 적립
스타벅스 기프티콘(우수 활동자)
백화점 상품권 100,000원(우수 테스터)

◀ 모집 공고 자세히 보기

이메일 문의하기 ✉ book2@youngjin.com

누구나 작성만 하면 100% 포인트 지급
합격 후기 EVENT

이기적과 함께 합격했다면,
합격썰 풀고 네이버페이 포인트 받아가자!

합격 후기
작성 시
100%
지급

네이버페이
포인트 쿠폰

25,000원

 카페 합격 후기 이벤트

이기적 스터디 카페에
합격 후기 작성하고 5,000원 받기!

5,000원
네이버 포인트 지급

▲ 자세히 보기

 블로그 합격 후기 이벤트

개인 블로그에
합격 후기 작성하고 20,000원 받기!

20,000원
네이버 포인트 지급

▲ 자세히 보기

- 자세한 참여 방법은 QR코드 또는 이기적 스터디 카페 '합격 후기 이벤트' 게시판을 확인해 주세요.
- 이벤트에 참여한 후기는 추후 마케팅 용도로 활용될 수 있습니다.
- 이벤트 혜택은 추후 변동될 수 있습니다.

이기적 스터디 카페 🔍

이기적이 다 드립니다

여러분은 합격만 하세요! 이기적 합격 성공세트 BIG 4

이론부터 문제까지, 무료 동영상 강의

ITQ 기능 이론, 따라하기, 기출문제, 모의고사까지!
무료 강의로 선생님과 함께 한 번에 합격해 보세요.

설치 없이 빠르게, 자동 채점 서비스

문제 풀이 후 채점이 막막하다면? 이기적이 도와드릴게요.
itq.youngjin.com에서 자동 채점을 이용해 보세요.

시험장 그대로, 답안 전송 프로그램

ITQ 답안 전송도 미리 연습해볼 수 있도록,
시험장 그대로의 답안 전송 프로그램이 준비되어 있어요.

무엇이든 물어보세요. 1:1 질문답변

ITQ 시험에 대한 궁금증, 전문 선생님이 풀어드려요.
이기적 스터디 카페에서 어떤 질문이든 들려주세요.

※ 〈2025 이기적 ITQ 한글 ver.2020〉을 구매하고 인증한 회원에게만 드리는 자료입니다.
※ 부가 서비스로 제공되는 부분이며, 혜택 및 내용은 변경 · 중단될 수 있습니다.

설치 없이 쉽고 빠르게 채점하는
ITQ 자동 채점 서비스

화면을 통해 정답과 내가 작성한 파일을 바로 비교할 수 있어요.

이용 방법

STEP 1

itq.youngjin.com
접속

STEP 2

ISBN,
교재 선택

STEP 3

채점 회차
선택

STEP 4

작성한
파일 업로드

- 인터넷이 연결되어 있지 않을 시 사용할 수 없으며 개인 인터넷 속도, 접속자 수에 따라 채점 속도가 다를 수 있습니다.
- 운영체제, 프로그램 정품 여부에 상관없이 채점이 가능합니다.
- 부가 서비스로 제공되는 부분이며, 업체 등의 변경으로 제공이 중단 또는 제한될 수 있습니다.

01 문서 환경 설정

파일 저장	내 PC₩문서₩ITQ₩수험번호−성명.hwp
글꼴	함초롬바탕, 10pt, 검정, 줄간격 160%, 양쪽정렬
용지 여백	왼쪽 · 오른쪽 11mm, 위쪽 · 아래쪽 · 머리말 · 꼬리말 10mm, 제본 0mm

02 스타일

스타일	⬚, F6	[서식]−[스타일]
스타일 해제	바탕글 ▾, Ctrl + 1	
한/영 전환	한/영 왼쪽 Shift + Space Bar	
문단 모양	⬚, Alt + T	[서식]−[문단 모양]
글자 모양	⬚, Alt + L	[서식]−[글자 모양]

03 표 만들기

표	⬚, Ctrl + N, T	[입력]−[표]
블록 설정	F5	
셀 합치기	⬚ 블록 설정 후 M	[표]−[셀 합치기]
셀 나누기	⬚ 블록 설정 후 S	[표]−[셀 나누기]
선 모양	블록 설정 후 L	[표]−[셀 테두리/배경]
캡션	⬚, Ctrl + N, C	[입력]−[캡션 넣기]
블록 합계	⬚, Ctrl + Shift + S	[표]−[블록 계산식]−[블록 합계]
블록 평균	⬚, Ctrl + Shift + A	[표]−[블록 계산식]−[블록 평균]
블록 곱	⬚, Ctrl + Shift + P	[표]−[블록 계산식]−[블록 곱]

04 차트 및 수식

차트 만들기	⬚	[표]−[차트 만들기]
수식 만들기	$\sqrt{x}$, Ctrl + N, M	[입력]−[수식]

05 그리기 도구 작업

그리기 도구	[그리기 도구 아이콘]	[입력]–[도형]
도형 여러 개 선택	Shift + 클릭	
글상자	[아이콘], Ctrl + N, B	[입력]–[글상자]
도형 회전	[아이콘]	
도형 면 색 지정	[도형 채우기 아이콘]	
도형 복사	Ctrl + 드래그	
그림 삽입	[아이콘], Ctrl + N, I	[입력]–[그림]–[그림]
글맵시	[아이콘]	[입력]–[개체]–[글맵시]
하이퍼링크	[아이콘], Ctrl + K, H	[입력]–[하이퍼링크]

06 문서작성 능력평가

덧말 넣기	[아이콘]	[입력]–[덧말 넣기]
머리말/꼬리말	[아이콘], Ctrl + N, H	[쪽]–[머리말/꼬리말]
책갈피	[아이콘], Ctrl + K, B	[입력]–[책갈피]
문단 첫 글자 장식	[아이콘]	[서식]–[문단 첫 글자 장식]
그림 삽입	[아이콘], Ctrl + N, I	[입력]–[그림]
한자 입력	[아이콘], 한자 또는 F9	[입력]–[한자 입력]–[한자로 바꾸기]
각주	[아이콘], Ctrl + N, N	[입력]–[주석]–[각주]
문자표	[아이콘], Ctrl + F10	[입력]–[문자표]
문단 번호	[아이콘], Ctrl + K, N	[서식]–[문단 번호 모양]
문단 모양	[아이콘], Alt + T	[서식]–[문단 모양]
글자 모양	[아이콘], Alt + L	[서식]–[글자 모양]
표 만들기	[아이콘], Ctrl + N, T	[입력]–[표]
표 그러데이션		[표]–[셀 테두리/배경]
쪽 번호 매기기	[아이콘], Ctrl + N, P	[쪽]–[쪽 번호 매기기]
새 번호로 시작	[아이콘]	[쪽]–[새 번호로 시작]

이렇게 기막힌 적중률

ITQ 한글
ver.2020

"이" 한 권으로 합격의 "기적"을 경험하세요!

YoungJin.com Y.
영진닷컴

차례

난이도에 따라 분류하였습니다.
- ⓼ : 반드시 반복 연습해야 하는 기능
- ⓸ : 여러 차례 풀어보아야 하는 기능
- ⓺ : 수월하게 익힐 수 있는 기능

▶ 표시된 부분은 동영상 강의가 제공됩니다.
이기적 홈페이지(license.youngjin.com)에 접속하여 시청하세요.

▶ 제공하는 동영상과 PDF 자료는 1판 1쇄 기준 2년간 유효합니다.
  단, 출제기준안에 따라 동영상 내용은 변경될 수 있습니다.

ITQ 부록 자료

ITQ 실습용
압축 파일

※ 부록 자료 다운로드 방법
이기적 홈페이지(license.youngjin.com) 접속 → [자료실]-[ITQ] 클릭 → 도서 이름으로 게시물 찾기 → 첨부파일 다운로드 후 압축 해제

ITQ 합격에 필요한 자료를 모두 모았습니다.

PART 01~04 폴더
파트별 정답 파일

Picture 폴더
실습용
이미지 파일

SETUP.EXE
답안 전송 프로그램
설치 파일

수험자답안작성방법
동영상.wmw
ITQ 답안작성 방법
동영상

다운로드 방법

① 이기적 영진닷컴(license.youngjin.com)에 접속한다.
② 상단 메인 메뉴에서 [자료실] – [ITQ]를 클릭한다.
③ '[2025] 이기적 ITQ 한글 ver.2020 부록 자료' 게시글을 클릭하여 첨부파일을 다운로드한다.

사용 방법

① 다운로드한 '7631.zip' 압축 파일에서 마우스 오른쪽 버튼을 눌러 압축을 해제한다.
② 압축이 풀린 후 '7631' 폴더를 더블 클릭하여 모든 파일이 들어 있는지 확인한다.

※ ITQ 시험은 빈 문서에서 내용을 입력하는 것부터 시험 시작입니다. 처음 시험 공부를 하실 때에는 빈 문서에서 차근차근 연습해 주세요.

STEP 01 시험 유형 따라하기로 유형 학습하기

난이도
챕터별 난이도를 상중하로 나누어
난이도별 집중 학습이 가능합니다.

정답파일
문제 풀이와 채점에 활용할 수 있는
정답파일을 제공합니다.

CHAPTER
01
문서 환경 설정

상 중 하
1 2 3

정답파일
PART 01 시험 유형 따라하기\시험 유형 따라하기.hwp

강의 QR
동영상 강의를 QR로 쉽게
시청할 수 있습니다.

SECTION 01 글자 속성 지정

① [서식] 도구상자에서 '함초롬바탕', '10pt'를 설정하고, [보기] 탭 – [폭 맞춤]을 설정한다.

기적의 TIP
[Alt]+[L]을 누르거나 [편집] 탭 – [글자 모양]([가])을 선택하여 '함초롬바탕', '10pt'를 확인한다.

팁(TIP)
기적의 팁, 해결 팁 등 다양한
팁이 삽입되어 있습니다.

STEP 02 대표 기출 따라하기로 실제 시험 정복

대표 기출 따라하기

강의 QR
동영상 강의를 QR로 쉽게
시청할 수 있습니다.

과목	코드	제유형	시험시간	수험번호	성명
		A	60분		
한글	1111				

기능평가 150점

01 다음의 《조건》에 따라 스타일 기능을 적용하여 《출력형태》와 같이 작성하시오. 50점

조건	(1) 스타일 이름 – governance (2) 문단 모양 – 왼쪽 여백 : 15pt, 문단 아래 간격 : 10pt (3) 글자 모양 – 글꼴 : 한글(돋움)/영문(굴림), 크기 : 10pt, 장평 : 95%, 자간 : 5%
출력형태	Create a framework for governance that forms a private council that links local resources and improves the water quality of private small rivers, centered on local residents. 소하천 지역 주민과 농업인을 중심으로 하는 민간 소하천 수질개선 지역공동체 구성과 지역자원을 연계한 민간 협의체를 구성하는 거버넌스 프레임 워크를 만듭니다.

대표 기출문제
기출문제를 단계별로 따라하
며 풀이과정을 연습하세요.

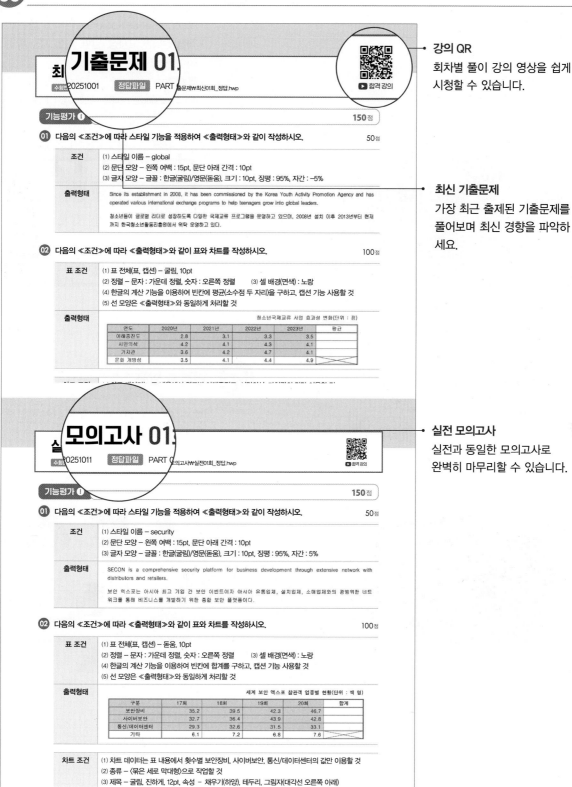

기출문제 01

수험번호 20251001 　정답파일 　PART 0 출제문제₩최신01회_정답.hwp

강의 QR
회차별 풀이 강의 영상을 쉽게 시청할 수 있습니다.

기능평가 ❶ 150점

01 다음의 ≪조건≫에 따라 스타일 기능을 적용하여 ≪출력형태≫와 같이 작성하시오. 50점

조건	(1) 스타일 이름 – global (2) 문단 모양 – 왼쪽 여백 : 15pt, 문단 아래 간격 : 10pt (3) 글자 모양 – 글꼴 : 한글(굴림)/영문(돋움), 크기 : 10pt, 장평 : 95%, 자간 : –5%
출력형태	Since its establishment in 2008, it has been commissioned by the Korea Youth Activity Promotion Agency and has operated various international exchange programs to help teenagers grow into global leaders. 청소년들이 글로벌 리더로 성장하도록 다양한 국제교류 프로그램을 운영하고 있으며, 2008년 설치 이후 2013년부터 현재까지 한국청소년활동진흥원에서 위탁 운영하고 있다.

02 다음의 ≪조건≫에 따라 ≪출력형태≫와 같이 표와 차트를 작성하시오. 100점

표 조건	(1) 표 전체(표, 캡션) – 굴림, 10pt (2) 정렬 – 문자 : 가운데 정렬, 숫자 : 오른쪽 정렬 　　(3) 셀 배경(면색) : 노랑 (4) 한글의 계산 기능을 이용하여 빈칸에 평균(소수점 두 자리)을 구하고, 캡션 기능 사용할 것 (5) 선 모양은 ≪출력형태≫와 동일하게 처리할 것

출력형태

청소년국제교류 사업 효과성 변화(단위 : 점)

연도	2020년	2021년	2022년	2023년	평균
이해증진도	2.8	3.1	3.3	3.5	
시민의식	4.2	4.1	4.3	4.1	
가치관	3.6	4.2	4.7	4.1	
문화 개방성	3.5	4.1	4.4	4.9	

최신 기출문제
가장 최근 출제된 기출문제를 풀어보며 최신 경향을 파악하세요.

모의고사 01

수험번호 20251011 　정답파일 　PART 0 모의고사₩실전01회_정답.hwp

실전 모의고사
실전과 동일한 모의고사로 완벽히 마무리할 수 있습니다.

기능평가 ❶ 150점

01 다음의 ≪조건≫에 따라 스타일 기능을 적용하여 ≪출력형태≫와 같이 작성하시오. 50점

조건	(1) 스타일 이름 – security (2) 문단 모양 – 왼쪽 여백 : 15pt, 문단 아래 간격 : 10pt (3) 글자 모양 – 글꼴 : 한글(굴림)/영문(돋움), 크기 : 10pt, 장평 : 95%, 자간 : 5%
출력형태	SECON is a comprehensive security platform for business development through extensive network with distributors and retailers. 보안 엑스포는 아시아 최고 기업 간 보안 이벤트이자 아시아 유통업체, 설치업체, 소매업체와의 광범위한 네트워크를 통해 비즈니스를 개발하기 위한 종합 보안 플랫폼이다.

02 다음의 ≪조건≫에 따라 ≪출력형태≫와 같이 표와 차트를 작성하시오. 100점

표 조건	(1) 표 전체(표, 캡션) – 돋움, 10pt (2) 정렬 – 문자 : 가운데 정렬, 숫자 : 오른쪽 정렬 　　(3) 셀 배경(면색) : 노랑 (4) 한글의 계산 기능을 이용하여 빈칸에 합계를 구하고, 캡션 기능 사용할 것 (5) 선 모양은 ≪출력형태≫와 동일하게 처리할 것

출력형태

세계 보안 엑스포 참관객 업종별 현황(단위 : 백 명)

구분	17회	18회	19회	20회	합계
보안장비	35.2	39.5	42.3	46.7	
사이버보안	32.7	36.4	43.9	42.8	
통신/데이터센터	29.3	32.6	31.5	33.1	
기타	6.1	7.2	6.8	7.6	

차트 조건	(1) 차트 데이터는 표 내용에서 횟수별 보안장비, 사이버보안, 통신/데이터센터의 값만 이용할 것 (2) 종류 – ⟨묶은 세로 막대형⟩으로 작업할 것 (3) 제목 – 굴림, 진하게, 12pt, 속성 – 채우기(하양), 테두리, 그림자(대각선 오른쪽 아래)

시험의 모든 것

 STEP 01 ITQ 응시 자격 조건

제한 없음

 STEP 02 원서 접수하기

- https://license.kpc.or.kr 인터넷 접수
- 직접 선택한 고사장, 날짜, 시험 시간 확인(방문 접수 가능)
- 응시료

  1과목 : 22,000원 | 2과목 : 42,000원 | 3과목 : 60,000원

 STEP 03 시험 응시

- 60분 안에 답안 파일 작성
- 네트워크로 연결된 감독위원 PC로 답안 전송

 STEP 04 합격자 발표

https://license.kpc.or.kr에서 성적 확인 후 자격증 발급 신청

01 ITQ 시험 과목

자격 종목	시험 과목	S/W Version	접수 방법	시험 방식
정보기술자격 (ITQ)	아래한글	한컴오피스 2020/2016(NEO) 선택 (2025. 1. 1부터 2022/2020 선택)	온라인/방문	PBT
	한글엑셀 한글파워포인트 한글액세스	MS Office 2021/2016 선택		
	인터넷	익스플로러 8.0 이상		

- 정보기술자격(ITQ) 시험은 정보기술 실무능력을 평가하는 시험으로 국민 누구나 응시가 가능한 시험이다.
- 동일 회차에 최대 3과목까지 신청자가 선택하여 응시할 수 있다.
- 아래한글 과목은 2025년 1월부터 2022/2020 선택 응시로 변경된다.

02 시험 배점 및 시험 시간

시험 배점	시험 방법	시험 시간
과목당 500점	실무작업형 실기시험	과목당 60분

03 시험 검정 기준

ITQ 시험은 500점 만점을 기준으로 200점 이상 취득자에 한해서 C등급부터 A등급까지 등급별 자격을 부여하며, 낮은 등급을 받은 수험생이 차기 시험에 재응시하여 높은 등급을 받으면 등급을 업그레이드 할 수 있다.

A등급	B등급	C등급
500 ~ 400점	399 ~ 300점	299 ~ 200점

※ 200점 미만은 불합격 처리

04 등급 기준

A등급	주어진 과제의 100~80%를 정확히 해결할 수 있는 능력 수준
B등급	주어진 과제의 79~60%를 정확히 해결할 수 있는 능력 수준
C등급	주어진 과제의 59~40%를 정확히 해결할 수 있는 능력 수준

ITQ 한글은 워드프로세서인 아래한글을 이용한 문서작성 능력을 평가하는 시험입니다. 60분 동안 3장의 페이지에 3가지 평가기능과 5가지 하위문제를 작업해야 합니다. 아래한글은 일상에서 자주 사용하는 프로그램이지만 막상 그 기능들을 완전히 활용하고 있지 않은 경우가 많습니다. 본 시험을 통해 기존보다 더욱 질 높은 문서를 작성하는 능력을 기를 수 있습니다.

문제	기능	배점
기능평가 I	스타일	50
	표	50
	차트	50
기능평가 II	수식 작성	40
	그리기 작업(도형, 글맵시, 그림 삽입, 하이퍼링크)	110
문서작성 능력평가	문서 입력, 들여쓰기, 머리말/꼬리말, 덧말 넣기, 책갈피, 문단 첫글자 장식, 그림 삽입, 각주, 문단 번호 기능, 표, 쪽 번호, 서식 지정	200
	합계	500

기능평가 I ——————————————————————————— 배점 150점

✔ 체크포인트

- 스타일
  - 한글/영문 두 문단으로 출제
  - '문단 모양'과 '글자 모양' 지정
- 표
  - 내용 작성 및 글꼴
  - 정렬
  - 셀 테두리
  - 셀 배경색 지정
  - 블록 계산 및 캡션 설정
- 차트
  - 작성된 표의 일부 데이터 사용
  - 차트 요소의 서식 지정

기능평가 II
배점 150점

기능평가 ❷ 150점

03 수식 편집기로 다음 수식 (1), (2)를 각각 입력하시오. 40점

출력형태 (1) $\dfrac{V_2}{V_1} = \dfrac{0.90 \times 10^3}{1.0 \times 10^4} = 0.09$ (2) $\int_a^b A(x-a)(x-b)dx = -\dfrac{A}{6}(b-a)^3$

04 다음의 <조건>에 따라 <출력형태>와 같이 문서를 작성하시오. 110점

조건 (1) 그리기 도구를 이용하여 작성하고, 모든 도형(글맵시, 지정된 그림 포함)을 <출력형태>와 같이 작성하시오.
(2) 도형의 면색은 지시사항이 없으면 색 없음을 제외하고 서로 다르게 임의로 지정하시오.

출력형태

체크포인트
- 수식 작성
  - [수식 편집기] 이용
  - '수식 기호'와 '확장 연산자'로 작성
- 그리기 도구 작업
  - 도형 및 글상자
  - 글맵시 및 하이퍼링크 설정
  - 그림 삽입
  - 지시사항 설정

문서작성 능력평가
배점 200점

문서작성 능력평가 200점

체크포인트
- 머리말, 쪽 번호
- 제목 설정, 문단 첫 글자 장식, 각주, 그림 삽입
- 문단 번호
- 표 작성 및 설정

답안 전송 프로그램 설치법

답안 전송 프로그램이란?

ITQ 시험은 답안 작성을 마친 후 저장한 답안 파일을 감독위원 PC로 전송하여 제출해야 합니다. 시험장에서 당황하는 일이 없도록, 답안 전송 프로그램으로 미리 연습해 보세요.

다운로드 및 설치법

01 이기적 홈페이지(license.youngjin.com)에 접속한 후 상단에 있는 [자료실]-[ITQ]를 클릭한다. '[2025] 이기적 ITQ 한글 ver.2020 부록 자료'를 클릭하고 첨부 파일을 다운로드 받아 압축을 해제한다.

02 다음과 같은 폴더가 열리면 'SETUP.EXE'를 더블클릭하여 프로그램을 실행시킨다.

※ 운영체제가 Windows 7 이상인 경우는 마우스 오른쪽 버튼을 클릭해 '관리자 권한으로 실행'을 선택하여 실행시킨다.

03 다음과 같이 설치 화면이 나오면 [다음]을 클릭하고 설치를 진행한다.

04 설치 진행이 완료되면 'ITQ 수험자용' 아이콘을 더블클릭하여 프로그램을 실행한다.

※ 여러 과목의 ITQ 시험을 함께 준비하는 수험생은 기존 과목의 프로그램을 삭제하지 마시고 그대로 사용하세요.

시험 진행 순서

수험자 시험 시작
(20분 전 입실) ➡ 수험자 등록
(수험번호 등록) ➡ 시험 시작
(답안 작성) ➡ 답안 파일 저장
(수험자 PC 저장) ➡ 답안 파일 전송
(감독 PC로 전송) ➡ 시험 종료
(수험자 퇴실)

01 수험자 수험번호 등록

① 바탕화면에서 'ITQ 수험자용' 아이콘을 실행한다. [수험자 등록] 화면에 수험번호를 입력한 후 [확인]
을 클릭한다.

② 수험번호가 화면과 같으면 [예]를 클릭한다. 다음 화면에서 수험번호, 성명, 수험과목, 좌석번호를
확인한다.

③ 다음과 같은 출력화면 확인 후 감독위원의 지시를 기다린다.

02 시험 시작(답안 파일 작성)

① 과목에 맞는 수검 프로그램(아래한글, MS오피스) 실행 후 답안 파일을 작성한다.

② 이미지 파일은 '내 PC₩문서₩ITQ₩Picture' 폴더 내의 파일을 참조한다.

03 답안 파일 저장(수험자 PC 저장)

① 답안 파일은 '내 PC₩문서₩ITQ' 폴더에 저장한다.

② 답안 파일명은 '수험번호-성명'으로 저장해야 한다.
（단, 인터넷 과목은 '내 PC₩문서₩ITQ'의 '답안 파일-인터넷.hwp' 파일을 불러온 후 '수험번호-성명-인터넷.hwp'로 저장)

04 답안 파일 전송(감독 PC로 전송)

① 바탕화면의 실행 화면에서 [답안 전송]을 클릭한 후, 작성한 답안 파일을 감독 PC로 전송한다. 화면에서 작성한 답안 파일의 존재 유무(파일이 '내 PC₩문서₩ITQ' 폴더에 있을 경우 '있음'으로 표시됨)를 확인 후 [답안 전송]을 클릭한다.

② 전송이 성공적으로 끝나면 상태 부분에 '성공'이라 표시된다.

05 시험 종료

① 수험자 PC화면에서 [수험자 수험 종료]를 클릭한 후 감독위원의 지시를 기다린다.

② 감독위원의 퇴실 지시에 따라 퇴실한다.

실제 시험장에서 감독위원이 사용하는 버튼입니다.
수험자는 사용하지 않습니다.

답안 전송 프로그램 안내

• **프로그램을 설치했는데 '339 런타임 오류가 발생하였습니다'라는 오류 메시지가 나타나는 경우**

프로그램 설치 시 마우스 오른쪽 버튼을 클릭하여 '관리자 권한으로 실행'을 선택하여 설치하고, 설치 후 실행 시에도 '관리자 권한으로 실행'을 선택해주세요.

• **프로그램을 실행하는데 'vb6ko.dll' 파일 오류가 나타나는 경우**

이기적 홈페이지의 ITQ 자료실 공지사항을 확인해주시고, 첨부 파일을 다운로드 받아 해당 폴더에 넣어주세요.

- 윈도우 XP : C:\Windows\System
- 윈도우 7/10 32bit : C:\Windows\System32
- 윈도우 7/10 64bit : C:\Windows\System32와 C:\Windows\Syswow64

자동 채점 서비스 사용법

01 채점 서비스(itq.youngjin.com)에 접속한 후 ISBN 5자리 번호(도서 표지에서 확인)를 입력하고 [체크]를 클릭한다. 체크가 완료되면 [확인]을 클릭한다.

02 [작성한 파일 선택] 버튼을 클릭한다. 직접 작성하여 저장한 파일을 선택하고 '열기'를 클릭한다. 화면에 보이는 보안문자를 똑같이 입력하고 [실행]을 클릭한다.

03 채점 결과를 확인한다(왼쪽 상단이 정답 파일, 하단이 사용자 작성 파일).

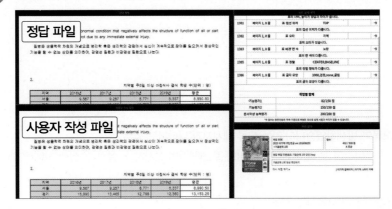

※ 현재 시범 서비스 중으로 답안의 일부 요소는 정확한 인식이 되지 않을 수 있습니다.

※ 본 서비스는 영진닷컴이 직접 설정한 기준에 의해 채점되므로 참고용으로만 활용 바랍니다.

Q ITQ는 어떤 시험인가요?

A ITQ는 실기 시험으로만 자격을 평가하는 시험으로 아래한글(MS워드), 엑셀, 파워포인트, 액세스, 인터넷 등의 과목으로 이루어져 있습니다. 이 중 한 가지만 자격을 취득하여도 국가공인 자격으로 인정됩니다.

Q 언제, 어디서 시험이 시행되나요?

A 정기 시험은 매월 둘째 주 토요일에, 특별 시험은 2, 5, 8, 11월 넷째 주 일요일에 시행됩니다. 지역센터에서 시험을 응시할 수 있습니다.

※ 시험 시행일은 시행처 사정에 따라 변경될 수 있으므로, 응시 전 꼭 시행처에 확인하세요.

Q OA MASTER 자격 취득은 어떻게 하는 건가요?

A OA MASTER는 ITQ 시험에 응시하여 3과목 이상 A등급을 받으면 취득할 수 있습니다. 자격은 온라인으로 신청 가능하며 발급 비용 및 수수료는 별도로 부과됩니다.

Q 작성한 답안과 정답 파일의 작성 방법이 달라요.

A ITQ는 실무형 시험으로 작성 방법은 채점하지 않습니다. 정답 파일은 모범답안이며 꼭 똑같이 작성하지 않아도 됩니다. 문제의 지시사항대로 출력형태를 참고하여 작성하면 됩니다.

Q 채점기준 및 부분점수 기준은 어떻게 되나요?

A 주어진 지시사항에 따라 출력형태가 동일하게 작성된 경우 감점되지 않습니다. 또한 ITQ 인터넷을 제외한 모든 과목은 부분채점이 이루어지며 부분점수는 공개되지 않습니다.

Q MS오피스, 아래한글 버전별로 문제지가 다른가요?

A ITQ 시험은 과목별로 아래한글 2020/2016(NEO), MS오피스 2021/2016의 두 개 버전 중 선택 응시가 가능합니다. 각 과목의 문제지는 동일하며, 버전별로 조건이 다른 부분은 문제지에 표시되어 있습니다.

※ 소프트웨어 버전은 변경될 수 있으므로, 응시 전 꼭 시행처에 확인하세요. 아래한글 과목은 2025년 1월부터 2022/2020 선택 응시로 변경됩니다.

Q 취득 시 어떻게 활용할 수 있나요?

A 공기업/공단과 사기업에서 입사 시 우대 및 승진 가점을 획득할 수 있으며, 대학교 학점인정을 받을 수 있습니다. 정부부처/지자체에서도 의무취득 및 채용 가점, 승진 가점이 주어집니다.

PART

01

시험 유형 따라하기

문서 환경 설정

CHAPTER 01 문서 환경 설정

출제포인트

글자 속성 지정 · 편집 용지 설정 · 페이지 구분 · 파일 저장

A등급 TIP

문서 환경 설정은 배점은 따로 없으나 앞으로 작성할 모든 문서의 틀이 되는 부분이므로 실수 없이 꼼꼼히 작업하도록 합니다. 답안 작성요령에서 지시하는 대로 글꼴에 대한 설정과 용지 여백, 페이지 구분 등을 정확하게 지정해야 합니다.

문서 환경 설정

▶ 합격 강의

난이도   상 중 ⑨
반복학습   ① ② ③

정답파일   PART 01 시험 유형 따라하기\시험 유형 따라하기.hwp

답안 작성요령	• 파일명은 본인의 "수험번호-성명"으로 입력하여 답안폴더(내 PC\문서\ITQ)에 하나의 파일로 저장해야 하며, 답안문서 파일명이 "수험번호-성명"과 일치하지 않거나, 답안파일을 전송하지 않아 미제출로 처리될 경우 실격 처리합니다.(❸ 12345678-홍길동.hwp) • 글꼴에 대한 기본설정은 함초롬바탕, 10포인트, 검정, 줄간격 160%, 양쪽정렬로 합니다. • 색상은 조건의 색을 적용하고 색의 구분이 안 될 경우에는 RGB 값을 적용하십시오. (빨강 255,0,0 / 파랑 0,0,255 / 노랑 255,255,0) • 용지여백은 왼쪽ㆍ오른쪽 11mm, 위쪽ㆍ아래쪽ㆍ머리말ㆍ꼬리말 10mm, 제본 0mm로 합니다. • 페이지구분 : 1페이지 – 기능평가 I (문제번호 표시 : 1. 2.), 　　　　　　　2페이지 – 기능평가 II (문제번호 표시 : 3. 4.), 　　　　　　　3페이지 – 문서작성 능력평가
작업과정	글자 속성 지정 → 편집 용지 설정 → 페이지 구분 → 파일 저장

SECTION 01 글자 속성 지정

① [서식] 도구상자에서 '함초롬바탕', '10pt'를 설정하고, [보기] 탭 – [폭 맞춤]을 설정한다.

🅵 기적의 TIP

Alt + L 을 누르거나 [편집]
탭-[글자 모양](🗛)을 선택
하여 '함초롬바탕', '10pt'를
확인한다.

🅵 기적의 TIP

[도구] 탭-[환경 설정]-기
타-입력기 언어 표시

🗚 : 한글 입력 상태
🅰 : 영문 입력 상태

① F7을 누르거나 [파일] 탭 – [편집 용지]를 선택하여, 왼쪽 · 오른쪽 '11mm', 위쪽 · 아래쪽 · 머리말 · 꼬리말 '10mm', 제본 '0mm'로 설정한다.

 기적의 TIP

용지 여백 설정은 문제를 풀기 전에 지정한다.

① 문제 번호 「1.」을 입력하고 Enter 를 세 번 누른다.
→ 「2.」를 입력하고 Enter 를 한 번 누른다.

② [쪽] 탭 – [구역 나누기](⬚)(Alt + Shift + Enter)를 클릭하여 페이지를 구분한다.

 기적의 TIP

1~4번까지의 문제 번호를 적지 않고 작성하는 경우 해당 문제에 배당된 점수를 받지 못한다. 그러므로 각 문제의 번호를 꼭 입력하도록 한다.

③ 두 번째 페이지로 커서가 이동되면 문제 번호 「3.」, 「4.」를 첫 번째 페이지와 같이 입력한 후 [구역 나누기](⬍)를 한 번 더 클릭한다.

SECTION 04 파일 저장

---

① Alt + S 를 누르거나 [파일] 탭 – [저장하기](🖫)를 선택하고, '내 PC₩문서₩ITQ₩' 폴더로 이동한다.

② 파일 이름을 '수험번호–이름.hwp'로 저장한다.

> **기적의 TIP**
>
> hwpx 파일 형식으로 저장하지 않도록 주의한다.

> **기적의 TIP**
>
> 답안 작성 중에도 수시로 저장하여 시험 중 불의의 피해를 보지 않도록 한다.

③ 제목 표시줄에서 파일명과 파일의 위치를 확인할 수 있다.

기능평가 I

배점 **150점** | A등급 목표점수 **130점**

CHAPTER 02 스타일

CHAPTER 03 표 만들기

CHAPTER 04 차트 만들기

출제포인트

스타일 지정 · 한글과 영문 텍스트 작성 · 표 작성 및 정렬 · 표/셀 속성 · 캡션 기능 · 계산 기능 · 차트 작성 · 차트 제목 설정 · 축 제목 및 범례

출제기준

① 한글과 영문 텍스트 작성능력 및 스타일 기능 사용능력, ② 표와 차트의 작성능력을 평가합니다.

A등급 TIP

기능평가 I 에는 ① 스타일, ② 표와 차트의 두 문제가 출제됩니다. 한글과 영문 텍스트를 정확하게 입력하고, 표를 기반으로 차트를 만든 뒤 조건대로 서식을 지정하는 것이 중요합니다.

CHAPTER

02

[기능평가 I]
스타일

▶ 합격 강의

난 이 도 상 中 하
반복학습 1 2 3

 PART 01 시험 유형 따라하기\시험 유형 따라하기.hwp

문제보기	**조건**

(1) 스타일 이름 – autonomous
(2) 문단 모양 – 첫 줄 들여쓰기 : 10pt, 문단 아래 간격 : 10pt
(3) 글자 모양 – 글꼴 : 한글(굴림)/영문(돋움), 크기 : 10pt, 장평 : 105%, 자간 : − 5%

출력형태

Autonomous cars have control systems that are capable of analyzing sensory data to distinguish between different cars on the road, which is very useful in planning a path to the desired destination.

이미 실용화되고 있는 무인자동차로는 이스라엘 군에서 운용되는 미리 설정된 경로를 순찰하는 무인차량과 해외 광산, 건설 현장 등에서 운용되고 있는 덤프트럭 등의 무인운행 시스템 등이 있다.

핵심기능

기능	바로 가기	메뉴
스타일	🖊️, F6	[서식]–[스타일]
스타일 해제	🧾 바탕글 ▾, Ctrl + 1	
한/영 전환	한/영, 왼쪽 Shift + Space Bar	
문단 모양	📝, Alt + T	[서식]–[문단 모양]
글자 모양	🖊️, Alt + L	[서식]–[글자 모양]

작업과정 | 글자 입력 → 스타일 지정 → 스타일 편집(문단 모양, 글자 모양)

① 문제 번호 「1.」 다음 줄에 [한/영](또는 왼쪽 [Shift]+[Space Bar])을 눌러 영문으로 변환 후 영문을 입력한다.

→ 다시 [한/영]을 눌러 한글로 변환 후 한글을 입력한다.

 기적의 TIP

반드시 오타 없이 입력하도록 한다.

> 1.
> Autonomous cars have control systems that are capable of analyzing sensory data to distinguish between different cars on the road, which is very useful in planning a path to the desired destination. 이미 실용화되고 있는 무인자동차로는 이스라엘 군에서 운용되는 미리 설정된 경로를 순찰하는 무인차량과 해외 광산, 건설 현장 등에서 운용되고 있는 덤프트럭 등의 무인운행 시스템 등이 있다.

기적의 TIP

[도구] 탭-[맞춤법 도우미 동작]이 적용 중이면 사전에 등록되지 않은 단어에 빨간색 물결이 표시되는데, 이와 상관없이 입력한다.

① 입력한 내용을 블록 설정한 후 [F6]을 눌러 [스타일] 대화상자에서 [스타일 추가하기](➕)를 클릭한다.

기적의 TIP

스타일 지정은 메뉴에서 [서식]-[스타일]을 클릭해도 된다.

② [스타일 추가하기] 대화상자의 스타일 이름에 「autonomous」를 입력하고 [추가]를 클릭하여 스타일을 추가한다.

SECTION 03 스타일 편집

① [스타일] 대화상자의 스타일 목록에서 'autonomous'를 선택하고 [스타일 편집하기](✏️)를 클릭한다.

🅵 기적의 TIP

[스타일 편집하기] 대화상자에서는 스타일의 문단 모양, 글자 모양, 문단 번호/글머리표를 편집할 수 있다.

② [스타일 편집하기] 대화상자에서 [문단 모양]을 클릭한 후 [문단 모양] 대
화상자에서 지시사항대로 첫 줄 들여쓰기 '10pt', 문단 아래 간격 '10pt'를
설정한다.

⏪ 기적의 TIP

[문단 모양]에서는 정렬, 여
백, 간격을 조절한다. 주로
왼쪽 여백, 첫 줄 들여쓰기,
문단 아래 간격 조절이 출
제된다.

③ [스타일 편집하기] 대화상자에서 [글자 모양]을 클릭한다.
→ [글자 모양] 대화상자에서 지시사항대로 '10pt', 장평 '105%', 자간
'-5%'를 설정하고, 한글 글꼴을 지정하기 위해 언어 '한글', 글꼴 '굴림'
을 선택한다.

⏪ 기적의 TIP

[글자 모양]에서는 글자 크
기, 글꼴, 장평, 자간 등의
속성을 설정한다.

⏪ 기적의 TIP

한글 글꼴 지정 후, 영문 글
꼴을 지정해야 하므로 한글
글꼴 지정 후 바로 설정을
누르지 않는다.

해결 TIP

작업 결과가 출력형태와 달라요!

우선 편집용지 설정이 제대로 되었는지 확인한다. 또한 줄 끝에서 Enter 를 누르지 말고, 문단이 바뀔 때만 Enter 를 입력했는지 확인한다.

④ 영문 글꼴을 지정하기 위해 언어 '영문', 글꼴 '돋움'을 설정한다.

⑤ [스타일 편집하기] 대화상자에서 [설정]을 클릭하고, [스타일] 대화상자에서 [설정]을 클릭하여 대화상자를 닫는다.

⑥ 블록으로 지정된 내용에 스타일이 적용된 것을 확인한다.

문제유형 ❶-1

정답파일 PART 01 시험 유형 따라하기₩유형1-1번_정답.hwp

조건	(1) 스타일 이름 – water (2) 문단 모양 – 첫 줄 들여쓰기 : 10pt, 문단 아래 간격 : 5pt (3) 글자 모양 – 글꼴 : 한글(돋움)/영문(굴림), 크기 : 10pt, 장평 : 105%, 자간 : –5%
출력형태	Water is a common chemical substance that is essential to all known forms of life. About 70% of the fat free mass of the human body is made of water. 물은 알려진 모든 생명체에 필수적인 화학물질입니다. 인체의 질량의 약 70%가 물로 구성되어 있습니다.

문제유형 ❶-2

정답파일 PART 01 시험 유형 따라하기₩유형1-2번_정답.hwp

조건	(1) 스타일 이름 – robot (2) 문단 모양 – 왼쪽 여백 : 10pt, 문단 아래 간격 : 10pt (3) 글자 모양 – 글꼴 : 한글(궁서)/영문(돋움), 크기 : 10pt, 장평 : 110%, 자간 : –5%
출력형태	Japan Robot Association(JARA)'s have biennially organized international Robot Exhibition (IREX) since 1974 for the purpose of contribution further progress of world's robot industry. 일본 로봇 협회는 1974년부터 세계 로봇 산업의 발전을 위해 국제 로봇 전시회를 2년마다 개최했습니다.

문제유형 ❶-3

정답파일 PART 01 시험 유형 따라하기₩유형1-3번_정답.hwp

조건	(1) 스타일 이름 – ncsi (2) 문단 모양 – 왼쪽 여백 : 15pt, 문단 아래 간격 : 5pt (3) 글자 모양 – 글꼴 : 한글(바탕)/영문(굴림), 크기 : 10pt, 장평 : 105%, 자간 : –5%
출력형태	The NCSI is an index model based on the modeling of the degree of satisfaction of the final consumers, who have used the product or services provided by domestic and foreign companies. 시뮬레이션 소프트웨어는 고객 만족도의 변화를 고객 유지 비율로 표현하며, 수익성에 영향을 미치는지 분석할 수 있습니다.

난 이 도   상 ⑤ 하
반복학습 1 2 3

정답파일 PART 01 시험 유형 따라하기₩시험 유형 따라하기.hwp

문제보기

🔳 표 조건

(1) 표 전체(표, 캡션) – 돋움, 10pt

(2) 정렬 – 문자 : 가운데 정렬, 숫자 : 오른쪽 정렬

(3) 셀 배경(면색) : 노랑

(4) 한글의 계산 기능을 이용하여 빈칸에 평균(소수 두 자리)을 구하고, 캡션 기능 사용할 것

(5) 선 모양은 ≪출력형태≫와 동일하게 처리할 것

🔳 출력형태

무인자동차 관련 상장사(단위 : 억 원, %)

종목	매출액	영업이익	순이익	주가수익비율	주가순자산비율
테크닉스	2,024	308	300	16.8	2.3
셀프드라이빙	1,967	232	234	8.9	2.1
일렉트로	2,208	229	126	15.3	1.2
평균					

핵심기능

기능	바로 가기	메뉴
표	🔳, Ctrl+N, T	[입력]–[표]
블록 설정	F5	
셀 합치기	🔳, 블록 설정 후 M	[표]–[셀 합치기]
셀 나누기	🔳, 블록 설정 후 S	[표]–[셀 나누기]
선 모양	블록 설정 후 L	[표]–[셀 테두리/배경]
캡션 달기	🔳, Ctrl+N, C	[입력]–[캡션 넣기]
블록 합계	🔳, Ctrl+Shift+S	[표]–[블록 계산식]–[블록 합계]
블록 평균	🔳, Ctrl+Shift+A	[표]–[블록 계산식]–[블록 평균]
블록 곱	🔳, Ctrl+Shift+P	[표]–[블록 계산식]–[블록 곱]

작업과정

표 만들기 → 셀 합치기 → 표 데이터 입력 → 표 글자 속성 지정 → 정렬 지정 → 셀 테두리 지정 → 셀 배경색 지정 → 블록 계산식 → 캡션 달기 → 표 크기 조절

SECTION 01 | 표 만들기

① 문제 번호 「2.」 다음 줄에 커서를 위치시킨다.

② 표를 만들기 위해 [입력] 탭 – [표](⊞)를 클릭한다.

③ [표 만들기] 대화상자에서 줄 수 '5', 칸 수 '6'를 설정한 후 '글자처럼 취급'에 체크한다.

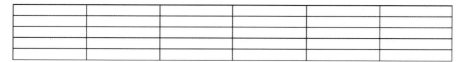

SECTION 02 | 표 데이터 입력, 글자 속성 지정

① 표에 내용을 입력한다.

종목	매출액	영업이익	순이익	주가수익비율	주가순자산비율
테크닉스	2024	308	300	16.8	2.3
셀프드라이빙	1967	232	234	8.9	2.1
일렉트로	2208	229	126	15.3	1.2
평균					

② 표 전체를 블록 설정(F5 세 번)한 후, 글꼴 '돋움', '10pt'를 설정한다.

B 기적의 TIP

블록 설정

• F5 한 번 : 현재 커서 위치의 셀을 블록 설정
• F5 두 번 : 현재 커서 위치를 포함해서 방향키로 블록 설정
• F5 세 번 : 전체 셀을 블록 설정

B 기적의 TIP

셀 블록 설정 후 단축 메뉴(마우스 오른쪽 클릭)

① 글자 모양 : 표의 글꼴 등 글자 모양을 변경
② 셀 테두리/배경 : 셀의 테두리, 대각선이나 배경색을 지정
③ 셀 합치기 : 블록 설정한 셀 모두 합치기
④ 셀 나누기 : 지정한 셀의 줄, 칸을 나누기
⑤ 블록 계산식 : 블록 설정한 셀의 블록 합계, 블록 곱, 블록 평균을 구하기

① Ctrl+마우스 드래그로 문자 부분을 블록 설정하고 [가운데 정렬](≡)을 설정한다.

기적의 TIP

셀 블록 설정
• Shift+클릭 : 연속된 셀을 블록 설정
• Ctrl+클릭 : 비연속된 셀을 블록 설정

② 숫자 부분을 블록 설정한 후 [오른쪽 정렬](≡)을 설정한다.
→ [표 레이아웃] 탭 – [1,000 단위 구분 쉼표](💱) – [자릿점 넣기]를 선택한다.

기적의 TIP

정렬
• 가운데 정렬 : Ctrl + Shift + C
• 오른쪽 정렬 : Ctrl + Shift + R
• 왼쪽 정렬 : Ctrl + Shift + L

① 표 전체를 블록 설정(F5 세 번)한다.
  → ㄴ을 누르거나 마우스 오른쪽 클릭하여 [셀 테두리/배경] – [각 셀마
    다 적용]을 선택한다.

② [셀 테두리/배경] 대화상자의 [테두리] 탭에서 '이중 실선'을 선택하고, '바
  깥쪽'에 설정한다.

해결 TIP

**테두리 종류를 고르기만
하면 저절로 적용돼요!**

[선 모양 바로 적용]이 체크
되어 있기 때문이다. 체크
를 해제한 후 실제 적용될
테두리 부분만 클릭하도록
한다.

③ 다시 첫째 줄을 블록 설정하고 마우스 오른쪽 클릭하여 [셀 테두리/배경] – [각 셀마다 적용]을 클릭한다.

종목	매출액	영업이익	순이익	주가수익비율	주가순자산비율
테크닉스	2,024	308	300	16.8	2.3
셀프드라이빙	1,967	232	234	8.9	2.1
일렉트로	2,208	229	126	15.3	1.2
평균					

④ [테두리] 탭에서 '이중 실선'을 '아래쪽 테두리'에 설정한다.

기적의 TIP

선 모양을 바꿀 범위가 같아도 적용되는 선 모양이 다르다면 모양에 따라 각각 지정해야 한다.

⑤ 같은 방법으로 첫째 칸을 모두 블록 설정하여 '이중 실선'을 '오른쪽 테두리'에 설정한다.

종목	매출액	영업이익	순이익	주가수익비율	주가순자산비율
테크닉스	2,024	308	300	16.8	2.3
셀프드라이빙	1,967	232	234	8.9	2.1
일렉트로	2,208	229	126	15.3	1.2
평균					

기적의 TIP

되돌리기
단축키 Ctrl + Z

⑥ 대각선이 들어가는 셀에 마우스 오른쪽 클릭하여 [셀 테두리/배경] – [각
셀마다 적용]을 클릭한다.

종목	매출액	영업이익	순이익	주가수익비율	주가순자산비율
테크닉스	2,024	308	300	16.8	2.3
셀프드라이빙	1,967	232	234	8.9	2.1
일렉트로	2,208	229	126	15.3	1.2
평균					

⑦ [대각선] 탭을 선택하고 ◳과 ◲를 클릭하여 설정한다.

🅑 기적의 TIP

[표 디자인] 탭의 리본메뉴
에서도 간단히 적용할 수
있다.

SECTION 05 **셀 배경색 지정**

① 배경색을 지정할 부분을 블록 설정한 후 ⒞를 누른다.

종목	매출액	영업이익	순이익	주가수익비율	주가순자산비율
테크닉스	2,024	308	300	16.8	2.3
셀프드라이빙	1,967	232	234	8.9	2.1
일렉트로	2,208	229	● 126	15.3	1.2
평균					

🅑 기적의 TIP

선택해야 할 셀의 영역이
떨어져 있을 때 Ctrl 을 누
른 채 클릭하면 한 번에 블
록 설정할 수 있다.

② [셀 테두리/배경] 대화상자의 [배경] 탭에서 '색'을 선택한다.

→ 면 색에서 [테마 색상표](▶)를 클릭하여 '오피스' 테마를 클릭하고 '노
랑'으로 설정한다.

 기적의 TIP

[적용 범위]를 '선택된 셀'
에 놓고 변경해야 범위를
설정한 셀에만 적용된다.

🅱 기적의 TIP

RGB값 입력

• [셀 테두리/배경] 대화 상자의 [배경] 탭에서 [면 색]–[스펙트럼]을 선택하면 빨강(R), 녹색(G), 파랑(B)의 값을 직접
입력할 수 있다.

• [표 디자인] 탭(🖼)에서 [표 채우기]의 드롭다운 단추를 클릭하여 셀 배경색을 설정할 수도 있다.

① 계산식이 이루어지는 부분을 블록 설정한 후 [표 레이아웃] 탭(▦)에서 [계산식](▦) – [블록 평균](▦)을 선택한다.

🅑 기적의 TIP

마우스 오른쪽 클릭하여 [블록 계산식]을 선택하는 방법도 있다.

🅑 기적의 TIP

정렬
· 블록 합계 :
　Ctrl + Shift + S
· 블록 평균 :
　Ctrl + Shift + A
· 블록 곱 :
　Ctrl + Shift + P

① 표를 선택하거나 표 안에 커서를 위치시키고 [표 레이아웃] 탭 – [캡션] (▦)의 드롭다운 단추(▼)를 클릭한 후 '위'를 선택한다.

🅑 기적의 TIP

캡션
· Ctrl + N , C :
　표 안에 커서를 위치시
　킨 상태에서 누름
· 단축 메뉴를 이용 :
　표의 테두리를 선택하여
　조절점이 나타나면 마우
　스 오른쪽 클릭–[캡션 넣
　기]
· [표 레이아웃] 탭–[캡션]
　: 표 안에 커서를 위치시
　킨 상태에서 선택

② 캡션 번호 '표1'이 자동으로 만들어지면 지우고 「무인자동차 관련 상장사 (단위 : 억 원, %)」를 입력한다.

해결 TIP

캡션을 완전히 지우고 싶어 요!
캡션 영역에서 Delete를 눌러 내용을 모두 지워도 캡션 영역은 남아있으므로, 삭제하려면 [캡션]–[캡션 없음]을 선택한다.

무인자동차 관련 상장사(단위 : 억 원, %)

종목	매출액	영업이익	순이익	주가수익비율	주가순자산비율
테크닉스	2,024	308	300	16.8	2.3
셀프드라이빙	1,967	232	234	8.9	2.1
일렉트로	2,208	229	126	15.3	1.2
평균	2,066.33	256.33	220.00	13.67	

③ 캡션 내용을 블록 설정하고 글꼴 '돋움', '10pt', [오른쪽 정렬](▤)을 설정한다.

SECTION 08 셀 간격 조절

① 줄, 칸 너비와 높이 조절이 필요한 부분은 블록 설정한 후, Ctrl 을 누른 채 방향키(←, →, ↑, ↓)를 눌러 셀 간격을 조절한다.

무인자동차 관련 상장사(단위 : 억 원, %)

종목	매출액	영업이익	순이익	주가수익비율	주가순자산비율
테크닉스	2,024	308	300	16.8	2.3
셀프드라이빙	1,967	232	234	8.9	2.1
일렉트로	2,208	229	126	15.3	1.2
평균	2,066.33	256.33	220.00	13.67	

[기능평가 I]

차트 만들기

▶ 합격 강의

정답파일 PART 01 시험 유형 따라하기\시험 유형 따라하기.hwp

문제보기

차트 조건

(1) 차트 데이터는 표 내용에서 종목별 매출액, 영업이익, 순이익의 값만 이용할 것
(2) 종류 – 〈묶은 가로 막대형〉으로 작업할 것
(3) 제목 – 굴림, 진하게, 12pt, 속성 – 채우기(하양), 테두리, 그림자(대각선 오른쪽 아래)
(4) 제목 이외의 전체 글꼴 – 굴림, 보통, 10pt
(5) 축 제목과 범례는 ≪출력형태≫와 동일하게 처리할 것

출력형태

작업과정

차트 만들기 → 차트 종류 선택 → 제목 설정 → 축 설정 → 범례 설정

차트의 명칭

---

① 작성한 표에서 차트에 반영되는 영역을 블록 설정한다.

→ [표 디자인] 탭 – [차트 만들기](📊)를 클릭한다.

🎯 기적의 TIP

블록 설정한 후 마우스 오른쪽 클릭하여 차트를 만들 수도 있다.

② [차트 데이터 편집] 대화상자가 나타나면 닫는다.

③ 차트를 선택하고 마우스 드래그하여 표 아래로 이동한다.

④ 차트의 크기 조절점을 드래그하여 표의 너비와 비슷하게 조절한다.

🅱 기적의 TIP

불연속 데이터로 차트 만들기

방법 ① 차트에 반영될 만큼의 영역만 Ctrl 을 누른 채 블록 설정하여 [차트 만들기]를 한다.

종목	매출액	영업이익	순이익	주가수익비율	주가순자산비율
테크닉스	2,024	308	300	16.8	2.3
셀프드라이빙	1,967	232	234	8.9	2.1
일렉트로	2,208	229	126	● 15.3	1.2
평균	2,066.33	256.33	220.00	13.67	

방법 ② 영역을 넓게 블록 설정하여 [차트 만들기]를 하고 [차트 데이터 편집] 대화상자에서 불필요한 행과 열을 지운다.

종목	매출액	영업이익	순이익	주가수익비율	주가순자산비율
테크닉스	2,024	308	300	16.8	2.3
셀프드라이빙	1,967	232	234	8.9	2.1
일렉트로	2,208	229	126	● 15.3	1.2
평균	2,066.33	256.33	220.00	13.67	

≪출력형태≫
두 방법의 결과는 동일하다.

① 차트가 선택된 상태에서 [차트 디자인] 탭(▥) – [차트 종류 변경](▥)을 클릭한다.
　→ '묶은 가로 막대형'을 선택한다.

② 차트가 선택된 상태에서 항목 축을 클릭하여 선택한다.
　→ 마우스 오른쪽 클릭한 후 [축 속성]을 클릭한다.

③ [축 종류] – [텍스트 축], [축 위치] – [눈금 사이], [축 교차] – [최대 항목]
을 선택하고 [항목을 거꾸로]에 체크하여 ≪출력형태≫처럼 항목 순서를
맞춘다.

기적의 TIP

축 교차
가로축과 세로축이 어느 위
치에서 서로 교차할지 지정
할 수 있다.

④ [눈금] – [주 눈금]과 [보조 눈금]을 '없음'으로 지정한다.

⑤ 차트에서 '값 축'의 영역을 클릭하거나 [개체 속성] 작업 창에서 [값 축]을 직접 선택한다.

　→ [경계] – [최솟값]에 「0」, [최댓값]에 「3000」, [단위] – [주]에 「500」을 입력한다.

🅑 기적의 TIP

[단위] 값을 직접 입력하지 않으면 차트의 높이나 너비에 따라 바뀔 수 있음에 유의한다.

⑥ [눈금] – [주 눈금]을 '교차'로 지정한다.

　→ [표시 형식] – [범주]에서 '숫자'를 선택하고 [1000단위 구분기호(,) 사용]에 체크하고 작업 창을 닫는다.

⑦ 눈금선을 클릭하여 선택하고 Delete 를 눌러 삭제한다.

🅑 기적의 TIP

눈금선은 하나만 클릭해도 모두 선택된다.

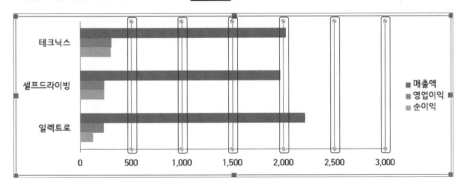

① [차트 디자인] 탭(📊)에서 [차트 구성 추가](📊) – [차트 제목] – [위쪽]을 선택한다.

② '차트 제목'을 클릭하여 선택한 뒤 마우스 오른쪽 클릭하여 [제목 편집]을 클릭한다.

③ [차트 글자 모양] 대화상자가 나타나면 [글자 내용]에 「무인자동차 관련 상장사」를 입력한다.

→ [한글 글꼴], [영어 글꼴]에 '굴림', [속성]에서 '진하게', 크기 '12pt'를 설정한다.

④ 다시 '차트 제목'에서 마우스 오른쪽 클릭하여 [차트 제목 속성]을 클릭한다.

⑤ [개체 속성] 작업 창이 열리면 [그리기 속성](✏️)에서 [채우기]는 '밝은 색', [선]은 '어두운 색'을 지정한다.

→ [효과](🔲)에서 [그림자]를 '대각선 오른쪽 아래'로 설정하고 작업 창을 닫는다.

🔍 해결 TIP

그림자가 선이 아닌 글자에 지정돼요.
상자에 채우기를 하지 않은 상태에서는 글자에 그림자가 생기므로, 채우기 색을 먼저 지정하고 그림자를 설정한다.

SECTION 04 축 제목 추가

① [차트 디자인] 탭(📊)에서 [차트 구성 추가](📊) – [축 제목] – [기본 가로]를 선택한다.

② '축 제목'을 클릭하여 선택한다.
　→ 마우스 오른쪽 클릭하여 [제목 편집]을 클릭한다.

③ [차트 글자 모양] 대화상자가 나타나면 [글자 내용]에 「(단위 : 억 원)」을 입력한다.
　→ [한글 글꼴], [영어 글꼴]에 '굴림', [속성]에서 크기 '10pt'를 설정한다.

🇫 기적의 TIP

차트 문제에서는 제목과 제목 이외의 전체 글꼴이 다르게 제시된다. 한 번에 바꾸는 기능이 없으므로 각 요소들의 글꼴을 일일이 변경해야 한다.

① 차트의 항목 축을 클릭하여 선택한다.

　→ 마우스 오른쪽 클릭한 후 [글자 모양 편집]을 클릭한다.

② [차트 글자 모양] 대화상자가 나타나면 [한글 글꼴], [영어 글꼴]에 '굴림', [속성]에서 크기 '10pt'를 설정한다.

③ 같은 방법으로 값 축과 범례도 [글자 모양 편집]을 이용하여 '굴림', '10pt'를 설정한다.

① '범례'를 더블 클릭하거나 마우스 오른쪽 클릭하여 [범례 속성]을 클릭한다.

② [개체 속성] 작업 창이 열리면 [그리기 속성](◪)에서 [선]에 '어두운 색'을 지정하고 작업 창을 닫는다.

③ 조절점을 마우스 드래그하여 범례의 크기와 위치를 조절한다.

🅑 기적의 TIP

차트의 글자처럼 취급
[차트 서식] 탭(▣)에서 [글자처럼 취급]에 체크한 상태에서는 차트 요소들의 크기와 위치 조절이 어려우니 체크 해제 후 조절한다.

정답파일 PART 01 시험 유형 따라하기₩유형2-1번_정답.hwp

문제유형 ❷-1

표 조건	(1) 표 전체(표, 캡션) – 굴림, 10pt (2) 정렬 – 문자 : 가운데 정렬, 숫자 : 오른쪽 정렬 (3) 셀 배경(면색) : 노랑 (4) 한글의 계산 기능을 이용하여 빈칸에 합계를 구하고, 캡션 기능 사용할 것 (5) 선 모양은 ≪출력형태≫와 동일하게 처리할 것

출력형태

개최 연도별 전시장 참관(단위 : 명)

전시 영역	2015년	2016년	2017년	2018년	2019년
산업용	27,476	31,575	32,191	31,524	34,514
모의실험용	32,741	34,874	37,447	41,782	43,527
홈오토	22,659	24,487	27,185	26,171	29,948
초미립자	19,431	21,311	24,943	23,004	24,256
디바이스	12,397	14,589	13,826	17,383	18,359
합 계					

차트 조건	(1) 차트 데이터는 표 내용에서 산업용, 홈오토, 초미립자, 디바이스의 2015년, 2017년, 2019년 값만 이용할 것 (2) 종류 – 〈묶은 세로 막대형〉으로 작업할 것 (3) 제목 – 돋움, 진하게, 12pt, 속성 – 채우기(하양), 테두리, 그림자(대각선 오른쪽 아래) (4) 제목 이외의 전체 글꼴 – 돋움, 보통, 10pt (5) 축 제목과 범례는 ≪출력형태≫와 동일하게 처리할 것

출력형태

표 조건	(1) 표 전체(표, 캡션) – 돋움, 10pt
	(2) 정렬 – 문자 : 가운데 정렬, 숫자 : 오른쪽 정렬
	(3) 셀 배경(면색) : 노랑
	(4) 한글의 계산 기능을 이용하여 빈칸에 평균(소수 두 자리)을 구하고, 캡션 기능 사용할 것
	(5) 선 모양은 ≪출력형태≫와 동일하게 처리할 것

출력형태

공기업 대상 NCSI 추이

연도별 국가고객만족도 지수					증감률(%)
기관명	2017년	2018년	2019년	2020년	기준년도대비
농수산식품유통공사	77	86	83	86	34.3
한국관광공사	72	78	82	85	27.1
한국광물자원공사	77	81	82	82	22.4
한국석유공사	78	83	79	83	36.6
대한석탄공사	71	78	83	81	25.7
평균					

차트 조건	(1) 차트 데이터는 표 내용에서 연도별 한국관광공사, 한국석유공사 값만 이용할 것
	(2) 종류 – 〈묶은 가로 막대형〉으로 작업할 것
	(3) 제목 – 궁서, 진하게, 12pt, 속성 – 채우기(하양), 테두리, 그림자(아래쪽)
	(4) 제목 이외의 전체 글꼴 – 궁서, 보통, 10pt
	(5) 축 제목과 범례는 ≪출력형태≫와 동일하게 처리할 것

출력형태

표 조건	(1) 표 전체(표, 캡션) – 돋움, 10pt (2) 정렬 – 문자 : 가운데 정렬, 숫자 : 오른쪽 정렬 (3) 셀 배경(면색) : 노랑 (4) 한글의 계산 기능을 이용하여 빈칸에 합계를 구하고, 캡션 기능 사용할 것 (5) 선 모양은 ≪출력형태≫와 동일하게 처리할 것

연도별 전시회 관심분야 참관 현황(단위 : 명)

관심분야	2017년	2018년	2019년	2020년
가공식품	3,978	3,916	4,781	5,958
농수축산물	2,973	3,709	2,616	4,958
제과제빵	2,961	4,352	2,253	3,056
커피류	2,612	1,621	4,303	2,347
합계				

차트 조건	(1) 차트 데이터는 표 내용에서 관심분야별 2017년, 2018년, 2019년 값만 이용할 것 (2) 종류 – 〈꺾은선형〉으로 작업할 것 (3) 제목 – 굴림, 진하게, 12pt, 속성 – 채우기(하양), 테두리, 그림자(대각선 오른쪽 아래) (4) 제목 이외의 전체 글꼴 – 굴림, 보통, 10pt (5) 축 제목과 범례는 ≪출력형태≫와 동일하게 처리할 것

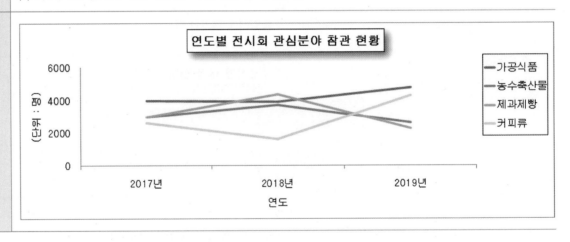

기능평가 II

배점 **150점** | A등급 목표점수 **130점**

CHAPTER 05 수식 만들기

CHAPTER 06 그리기 도구 작업

출제포인트

수식 작성 · 도형 그리기 · 글상자 · 글맵시 · 그림 삽입 · 책갈피 · 하이퍼링크

출제기준

① 수식 편집기를 이용한 수식 작성능력, ② 그리기 도구의 다양한 기능을 통합한 문서 작성 응용능력을 평가합니다.

A등급 TIP

기능평가 II에는 ① 수식 편집기, ② 그림 그리기의 두 문제가 출제됩니다. 특히 그리기 도구 작업은 다양한 기능이 통합되어 출제되므로 모든 기능을 익힐 수 있도록 반복 학습을 해 보세요.

CHAPTER

05

[기능평가 II]

수식 만들기

▶ 합격 강의

난 이 도   상 ⑧ 하
반복학습   1 2 3

정답파일   PART 01 시험 유형 따라하기\시험 유형 따라하기.hwp

문제보기	출력형태
	(1) $K_f(1+r)^n = \dfrac{a(\sqrt{1+r}-b)}{r}$ (2) $(a\,b\,c)\begin{pmatrix} x \\ y \\ z \end{pmatrix} = (ax+by+cz)$

핵심기능	기능	바로 가기	메뉴
	수식 만들기	$\boxed{\sqrt{x}}$, Ctrl+N, M	[입력]-[수식]

작업과정	왼쪽부터 순서대로 수식 입력

B 기적의 TIP

[수식 편집기] 화면

수식 편집기	? □ ×

A₁ · Ā · 뭄 √o Σ · ∫o · lim ·   o묭 믜응 2묭   8묭 · (0) · {闷 ≡ ≣ ·   & ↵   ← →   ᄆᆗ · ᆌ

A · λ · א · ≤ · ± · ↔ · △ ·   ▾ ᄆᆍ · ᄆ묭   HancomEQN ▾   10   ▾ 亗 ▾ 200% ▾

☑ 명령어 자동 완성   ⊖ ⊕

기적의 TIP

[수식 편집기] 기능 자세히 보기

① 첨자
② 장식 기호
③ 분수
④ 근호
⑤ 합
⑥ 적분
⑦ 극한
⑧ 세로 나눗셈
⑨ 최소공배수/최대공약수
⑩ 2진수로 변환
⑪ 상호 관계

⑫ 괄호
⑬ 경우
⑭ 세로 쌓기
⑮ 행렬
⑯ 줄 맞춤
⑰ 줄 바꿈
⑱ 이전 항목
⑲ 다음 항목
⑳ 수식 형식 변경
㉑ 넣기
㉒ 그리스 대문자
㉓ 그리스 소문자

㉔ 그리스 기호
㉕ 합, 집합 기호
㉖ 연산, 논리 기호
㉗ 화살표

㉘ 기타 기호
㉙ 명령어 입력
㉚ 수식 매크로
㉛ 글자 단위 영역
㉜ 줄 단위 영역
㉝ 글꼴
㉞ 글자 크기
㉟ 글자 색
㊱ 화면 확대

① 입력한 문제 번호 「3.」 다음 줄에 「(1)」을 입력한다.

→ [입력] 탭 – [수식]($\sqrt{x}$)을 선택한다.

🅑 기적의 TIP

수식 문제의 채점 기준
수식 문제는 한 글자라도
오타가 있을 경우 0점 처리
된다.

② [수식 편집기] 창에서 「K」를 입력한다.

→ [아래첨자]($\mathbf{A_1}$)를 클릭하여 「f」를 입력하고 방향키($\rightarrow$)를 한 번 눌러
아래첨자 구역에서 빠져나온다.

🅑 기적의 TIP

방향키 또는 [다음 항목]
($\rightarrow$)을 눌러 커서를 이동시
킬수 있다.

③ 이어서 「(1+r)」을 입력한 뒤 [위첨자](A¹)를 클릭하여 「n」을 입력하고 방향키(→)를 한 번 누른다.

④ 「=」를 입력한 후 [분수](뮴)를 클릭한다.
→ 분자에 「a(」를 입력하고 [근호](√□)를 클릭한다.

⑤ 근호 안에 「1+r」을 입력하고 방향키(→)를 한 번 누른다.

　→ 「 − b)」를 이어서 입력한다.

⑥ 분모에 「r」을 입력한다.

　→ [넣기](⟶)를 클릭하여 수식을 완성한다.

기적의 TIP

입력한 수식 수정
입력 완료한 수식을 더블 클릭하면 [수식 편집기] 창이 나타나며 수정할 수 있다.

① 완성한 (1) 수식 옆에 [Space Bar]를 이용해 적당한 공백을 삽입한다.
→ 「(2)」를 입력하고 [입력] 탭 – [수식]($\sqrt{x}$)을 선택한다.

② [수식 편집기] 창에서 괄호가 있는 3×3 행렬($\boxplus$)을 클릭한다.

③ [행 삭제]()를 두 번 클릭하여 행 하나만 남긴다.

{pmatrix{&&}}

④ 각 칸에 「a b c」를 입력한다.

→ 이어서 괄호가 있는 3×3 행렬(▦)을 다시 만든다.

{pmatrix{a&b&c}} {pmatrix{&&#&&#&&}}

⑤ [열 삭제]()를 두 번 클릭하여 열 하나만 남긴다.

⑥ 각 칸에 「x y z」를 입력하고, 방향키(→)를 눌러 커서를 끝에 위치시킨다.

⑦ 「＝(ax+by+cz)」를 입력한다.

→ [넣기]()를 클릭하여 수식을 완성한다.

🔧 해결 TIP

수식 작성 시 특수문자 입력
수식 도구에 없는 기호는
[수식 편집기] 창에서 Ctrl +
F10 을 눌러 [문자표 입력] 대
화상자가 나타나면 원하는
특수문자를 찾아 지정한다.

정답파일 PART 01 시험 유형 따라하기\유형3번_정답.hwp

문제유형 ❸-1

$$\sqrt{a^2} = |a| = \begin{cases} a & (a \geq 0) \\ -a & (a < 0) \end{cases}$$

문제유형 ❸-2

$$\frac{c}{\sqrt[3]{a} \pm \sqrt[3]{b}} = \frac{c(\sqrt[3]{a^2} \mp \sqrt[3]{ab} + \sqrt[3]{b^2})}{a \pm b}$$

문제유형 ❸-3

$$\overline{AB} = \sqrt{(x_2 - x_1)^2 + (y_2 - y_1)^2}$$

문제유형 ❸-4

$$\tan A = \frac{1}{\tan(90° - A)} = \frac{1}{\tan \theta}$$

문제유형 ❸-5

$$\sum_{k=1}^{n} k^2 = 1^2 + 2^2 + 3^2 + \cdots + n^2 = \frac{1}{6}n(n+1)(2n+1)$$

문제유형 ❸-6

$$f'(x) = \lim_{\Delta x \to 0} \frac{\Delta y}{\Delta x} = \lim_{\Delta x \to 0} \frac{f(x + \Delta x) + f(x)}{\Delta x}$$

[기능평가 II]
그리기 도구 작업

▶ 합격 강의

정답파일 PART 01 시험 유형 따라하기\시험 유형 따라하기.hwp

문제보기

조건

(1) 그리기 도구를 이용하여 작성하고, 모든 도형(글맵시, 지정된 그림 포함)을 《출력형태》와 같 이 작성하시오.

(2) 도형의 면색은 지시사항이 없으면 색 없음을 제외하고 서로 다르게 임의로 지정하시오.

출력형태

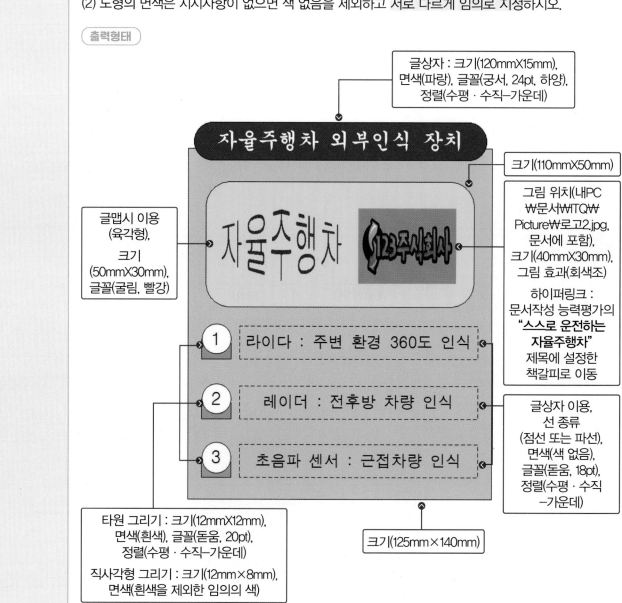

글상자 : 크기(120mmX15mm), 면색(파랑), 글꼴(궁서, 24pt, 하양), 정렬(수평 · 수직-가운데)

크기(110mmX50mm)

그림 위치(내PC \문서\ITQ\ Picture\로고2.jpg, 문서에 포함), 크기(40mmX30mm), 그림 효과(회색조)

하이퍼링크 : 문서작성 능력평가의 **"스스로 운전하는 자율주행차"** 제목에 설정한 책갈피로 이동

글맵시 이용 (육각형), 크기 (50mmX30mm), 글꼴(굴림, 빨강)

글상자 이용, 선 종류 (점선 또는 파선), 면색(색 없음), 글꼴(돋움, 18pt), 정렬(수평 · 수직 -가운데)

타원 그리기 : 크기(12mmX12mm), 면색(흰색), 글꼴(돋움, 20pt), 정렬(수평 · 수직-가운데)

직사각형 그리기 : 크기(12mm×8mm), 면색(흰색을 제외한 임의의 색)

크기(125mm×140mm)

핵심기능	기능	바로 가기	메뉴
	그리기 도구		[입력]-[도형]
	도형 여러 개 선택	Shift +클릭	
	글상자	, Ctrl + N , B	[입력]-[글상자]
	도형 회전		
	도형 면 색 지정		
	도형 복사	Ctrl +드래그	
	그림 삽입	, Ctrl + N , I	[입력]-[그림]-[그림]
	글맵시		[입력]-[개체]-[글맵시]
	하이퍼링크	, Ctrl + K , H	[입력]-[하이퍼링크]
	책갈피	, Ctrl + K , B	[입력]-[책갈피]

작업과정	바탕 도형 그리기 → 제목 글상자 → 글맵시 → 그림 삽입 → 책갈피/하이퍼링크 → 도형 그리기 → 도형 복사

① 문제 번호 「4.」 다음 줄에 커서를 위치시킨다.

② [입력] 탭에서 [직사각형](▭)을 클릭하여 사각형을 임의의 크기로 그린다.
   → 사각형을 더블 클릭하거나 마우스 오른쪽 클릭하여 [개체 속성]을 클릭한다.

③ [개체 속성] 대화상자의 [기본] 탭 – [크기]에서 너비 「125mm」, 높이
「140mm」로 입력하고, '크기 고정'에 체크한다.

기적의 TIP

도형이나 그림 작성 시 '크기 고정'에 체크하면 문서 작성 과정에서 개체의 크기가 변경되는 것을 막을 수 있다.

④ [선] 탭에서 선 모양을 설정한다.
→ [채우기] 탭에서 면 색을 임의로 설정한다.

🅑 기적의 TIP

도형의 면 색 지정
지시되지 않은 색은 겹쳐 있는 도형과 구별될 수 있는 임의의 색을 직접 지정하면 된다.

🅑 기적의 TIP

도형의 순서
그려야 하는 도형들이 층층이 겹친 형태일 때, 가장 바닥에 있는 도형부터 그리면 더 쉽다.

⑤ 다시 [입력] 탭에서 [직사각형](▢)을 클릭하여 사각형을 그린다.
→ 마우스 오른쪽 클릭하여 [개체 속성]을 클릭한다.

⑥ [개체 속성] 대화상자의 [기본] 탭 – [크기]에서 너비 「110mm」, 높이 「50mm」로 입력하고, '크기 고정'에 체크한다.

⑦ [선] 탭 – [사각형 모서리 곡률]에서 '둥근 모양'을 선택한다.
  → [채우기] 탭에서 면 색을 임의로 설정한다.

기적의 TIP

다양한 모양의 도형 그리기

그리기 개체

연결선

다른 그리기 조각(V)...
새 그리기 속성(P)...

그리기마당 대화상자를 이용해 쉽게 여러 모양의 도형을 선택하여 그릴 수 있다.

⑧ ≪출력형태≫를 참고하여 도형의 위치를 조절한다.

SECTION 02 제목 글상자

① [입력] 탭에서 [가로 글상자](□)를 클릭하여 임의의 크기로 그린다.
   → 글상자에 마우스 오른쪽 클릭하여 [개체 속성]을 클릭한다.

② [개체 속성] 대화상자의 [기본] 탭 – [크기]에서 너비 「120mm」, 높이 「15mm」로 입력하고, '크기 고정'에 체크한다.

③ [선] 탭 – [사각형 모서리 곡률]에서 '반원'을 선택한다.
→ [채우기] 탭에서 면 색 '파랑'을 설정한다.

🅱 기적의 TIP

노랑, 파랑 등의 색상은 [테마 색상표](▶)를 클릭하여 '오피스' 테마를 선택하면 쉽게 찾을 수 있다.

④ 글상자에 「자율주행차 외부인식 장치」를 입력한다.

⑤ 입력한 글을 블록 설정하고, 글꼴 '궁서', '24pt', 글자색 '하양', [가운데 정렬](를)을 설정한다.

⑥ ≪출력형태≫를 참고하여 도형의 위치를 조절한다.

SECTION 03 글맵시

① [입력] 탭 – [글맵시](가나다)를 클릭한다.

② [글맵시 만들기] 대화상자의 [내용]에 「자율주행차」를 입력한다.

    → 글꼴 '굴림', 글맵시 모양 '육각형'(⬡)을 설정한다.

③ [글맵시] 탭(🅰)에서 [글맵시 채우기]를 클릭하여 '빨강'으로 설정한다.

    → 너비 「50mm」, 높이 「30mm」로 입력하고 '크기 고정'에 체크한다.

④ 입력한 글맵시에 마우스 오른쪽 클릭하여 [배치] – [글 앞으로](🔲)를 선택한 후, ≪출력형태≫를 참고하여 글맵시의 위치를 조절한다.

① [입력] 탭 – [그림](🔳)을 클릭한다.

② '내 PC₩문서₩ITQ₩Picture' 폴더에서 '로고2.jpg'를 선택한 뒤 '문서에 포함'에 체크하고 [열기]를 클릭한다.

   → 마우스로 여백에 드래그하면 그림이 삽입된다.

> 💡 **해결 TIP**
>
> **삽입된 그림이 □로 나와요!**
> 그림 보기가 설정되지 않았기 때문이다. [보기] 탭–[그림]을 체크하도록 한다.

③ 삽입된 그림에 마우스 오른쪽 클릭하여 [개체 속성]을 클릭한다.
  → [개체 속성] 대화상자의 [기본] 탭 – [크기]에서 너비 「40mm」, 높이
    「30mm」로 입력한다.
  → '크기 고정'에 체크하고 [본문과의 배치]는 '글 앞으로'를 설정한다.

B 기적의 TIP

그림 삽입
· 그림 삽입 시 반드시 문
  제에서 제시한 파일명의
  그림을 선택한다.
· 본문과의 배치는 '글 앞
  으로'를 설정한다.

④ [그림] 탭( ) – [색조 조정] – [회색조]( )를 클릭한다.
  → ≪출력형태≫를 참고하여 그림의 위치를 조절한다.

① 3페이지의 첫 줄에 『스스로 운전하는 자율주행차』를 입력한다.

→ 커서를 맨 앞에 위치시키고 [입력] 탭 – [책갈피](📑)를 클릭한다.

🅱 기적의 TIP

하이퍼링크를 지정하기 전에 책갈피가 먼저 설정되어 있어야 한다. 책갈피 설정 시 3페이지 작업의 제목부터 먼저 입력하고 진행하면 쉽다.

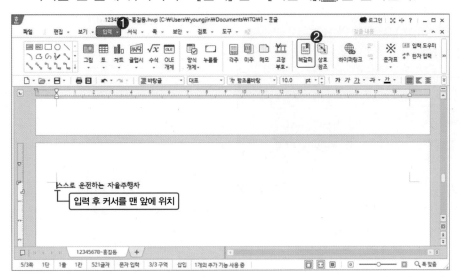

② [책갈피] 대화상자에서 [책갈피 이름]에 『자율주행』을 입력하고 [넣기]를 클릭한다.

🅱 기적의 TIP

입력된 책갈피 확인하기
[보기] 탭–[조판 부호]에 체크하면 책갈피가 적용되었는지 표시된다.

③ 하이퍼링크를 설정할 그림을 클릭하고 [입력] 탭 – [하이퍼링크]()를 클릭한다.

④ [하이퍼링크] 대화상자에서 [연결 대상] – [훈글 문서]를 클릭한다.
→ '자율주행'을 선택하고 [넣기]를 클릭한다.

⑤ 그림 선택을 해제한다. 다시 그림에 Ctrl을 누른 상태로 마우스 포인터를 가져다 놓으면 포인터의 모양이 손 모양으로 바뀌는 것을 확인할 수 있다.

SECTION 06 · 도형 그리기

① [입력] 탭에서 [직사각형](▢)을 클릭하여 임의의 크기로 그린 뒤, 마우스 오른쪽 클릭하여 [개체 속성]을 클릭한다.

② [개체 속성] 대화상자의 [기본] 탭 – [크기]에서 너비 「12mm」, 높이 「8mm」로 입력한다.
   → '크기 고정'에 체크하고 [본문과의 배치]는 '글 앞으로'를 지정한다.
   → [채우기] 탭에서 면 색을 임의로 설정한다.

③ [입력] 탭에서 [타원](○)을 클릭하여 임의의 크기로 그린 뒤, 마우스 오른쪽 클릭하여 [개체 속성]을 클릭한다.

④ [개체 속성] 대화상자의 [기본] 탭 – [크기]에서 너비 「12mm」, 높이 「12mm」로 입력한다.
　→ '크기 고정'에 체크하고 [본문과의 배치]는 '글 앞으로'를 지정한다.
　→ [채우기] 탭에서 면 색을 '하양'으로 설정한다.

⑤ 타원 도형이 선택된 상태에서 [도형] 탭 – [글자 넣기](개)를 클릭하고 「1」을 입력한다.

⑥ 입력한 글자를 블록 설정하고 글꼴 '돋움', '20pt', [가운데 정렬](≡)을 설정한다.

F 기적의 TIP

글상자의 세로 정렬
[개체 속성] 대화상자의 [글상자] 탭에서 설정할 수 있다. 주로 [가운데 정렬]이 많이 사용된다.

⑦ [입력] 탭 – [가로 글상자](▤)를 클릭하고 ≪출력형태≫를 참고하여 적당한 크기의 글
상자를 그린다.

→ [도형] 탭(▨) – [도형 윤곽선] – [선 종류] – [파선](– – – –)으로 설정한다.

⑧ 글상자에 내용을 입력하고 글꼴 '돋움', '18pt', [가운데 정렬](▤)을 설정한다.

→ [도형] 탭(▨) – [도형 채우기]에서 '없음'으로 설정한다.

SECTION 07　도형 복사

① 작성된 도형들과 글상자를 [Shift]를 누른 채 클릭하여 모두 선택한다.

② [Ctrl]+[Shift]를 누른 채 아래로 드래그하여 복사한다.

기적의 TIP

- [Ctrl]+드래그 : 복사
- [Shift]+드래그 : 수직 · 수평 이동
- [Ctrl]+[Shift]+드래그 : 수직 · 수평으로 복사

③ 복사된 개체의 색, 내용을 ≪출력형태≫를 참고하여 수정한다.

기적의 TIP

도형의 면 색
지시되지 않은 면 색은 서로 다르게 임의로 지정하면 된다.

문제유형 ④-1

정답파일 PART 01 시험 유형 따라하기₩유형4-1번_정답.hwp

조건	(1) 그리기 도구를 이용하여 작성하고, 모든 도형(글맵시, 지정된 그림 포함)을 ≪출력형태≫와 같이 작성하시오. (2) 도형의 면색은 지시사항이 없으면 색 없음을 제외하고 서로 다르게 임의로 지정하시오.
출력형태	

글상자 : 크기(110mmX15mm), 면색(파랑), 글꼴(궁서, 24pt, 하양), 정렬(수평 · 수직-가운데)

크기(130mmX150mm)

글상자 이용, 선 종류 (점선 또는 파선), 면색 (투명), 글꼴(돋움, 18pt), 정렬(수평 · 수직-가운데)

크기(120mmX50mm)

글맵시 이용 (갈매기형 수장), 크기(50mmX45mm), 글꼴(돋움, 파랑)

그림 위치(내 PC₩문서₩ITQ₩Picture₩로고3.jpg, 문서에 포함), 크기(45mmX35mm), 그림 효과(회색조)

하이퍼링크 : 문서작성 능력평가의 **"도쿄 국제 로봇전 참가 신청"** 제목에 설정한 책갈피로 이동

타원 그리기 : 크기(12mmX12mm), 면색(흰색), 글꼴(굴림, 20pt), 정렬(수평 · 수직-가운데)
직사각형 그리기 : 크기(10mmX7mm), 면색(흰색을 제외한 임의의 색)

조건	(1) 그리기 도구를 이용하여 작성하고, 모든 도형(글맵시, 지정된 그림 포함)을 ≪출력형태≫와 같이 작성하시오. (2) 도형의 면색은 지시사항이 없으면 색 없음을 제외하고 서로 다르게 임의로 지정하시오.

출력형태

글상자 : 크기(100mmX15mm), 면색(파랑), 글꼴(궁서, 22pt, 하양), 정렬(수평 · 수직-가운데)

크기(110mmX45mm)

그림 위치 (내 PC₩문서₩ITQ₩ Picture₩로고3.jpg, 문서에 포함), 크기(35mmX30mm), 그림 효과(회색조)

하이퍼링크 : 문서작성 능력평가의 "**서울국제식품 전시회**" 제목에 설정 한 책갈피로 이동

글맵시 이용 (갈매기형 수장), 크기(50mmX35mm), 글꼴(돋움, 파랑)

글상자 이용, 선 종류 (점선 또는 파선), 면색(투명), 글꼴(궁서, 18pt), 정렬 (수평 · 수직-가운데)

크기(110mmX90mm)

호 그리기 : 크기(15mmX15mm), 면색(흰색), 글꼴(돋움, 20pt), 정렬(수평 · 수직-가운데)

타원 그리기 : 크기(10mmX10mm), 면색(흰색을 제외한 임의의 색)

유형분석 문항 ③

문서작성 능력평가

배점 **200점** | A등급 목표점수 **170점**

CHAPTER 07 문서 작성

출제포인트

데이터 입력 및 편집 · 머리말 · 덧말 · 제목 · 첫 글자 장식 · 각주 · 들여쓰기 · 그림 삽입 · 문단 번호 · 쪽 번호

출제기준

문서 작성에 필요한 여러 가지 능력을 평가하는 문항입니다.

A등급 TIP

가장 배점이 높은 문항으로 한글 문서 작성에 필요한 다양한 기능의 활용능력을 요구합니다. 여러 기능을 차근차근 따라 하며 익히고, 문서 내용도 정확하게 입력할 수 있도록 집중해서 작성해 보세요.

CHAPTER
07
난 이 도 ⓢ 중 하
반복학습 ① ② ③

[문서작성 능력평가]
문서 작성

정답파일 PART 01 시험 유형 따라하기₩시험 유형 따라하기.hwp

▶합격 강의

문제보기　　출력형태

글꼴 : 궁서, 18pt, 진하게, 가운데 정렬,
책갈피 이름 : 자율주행　덧말 넣기

도로위의 혁신
스스로 운전하는 자율주행차

자율주행
머리말 기능
굴림, 10pt, 오른쪽 정렬

문단 첫 글자 장식 기능
글꼴 : 돋움, 면색 : 노랑

　　　자율주행 자동차란 운전자의 개입 없이 주변 환경을 인식하고, 주행 상황을 판단하여 차량을 제어(制御)함으로써 스스로 주어진 목적지까지 주행하는 자동차를 말한다. 최근에는 이러한 자율주행 자동차가 교통사고를 줄이고, 교통 효율성을 높이며, 연료를 절감하고, 운전을 대신 해줌으로써 편의를 증대시킬 수 있는 미래의 개인 교통수단으로 주목(注目)받고 있다.

각주

　　　자율주행 자동차 기술로는 운전자 보조 기술, 자동주행 기술, 무인자동차 또는 자율주행 기술이 있다. 운전자 보조 기술은 종방향 또는 횡방향 중 한 가지에 대해서 운전자에게 경고하거나 제어를 도와주는 기술을 말한다. 자동주행 기술은 종횡 방향 모두에 대해 제어를 도와주는 기술을 말한다. 단, 항상 운전자가 주변 상황을 계속 모니터링하고 있다가 언제든지 개입할 수 있다는 가정을 가지고 있다. 자동주행과 자율주행의 차이는 운전자가 항상 개입을 할 수 있도록 준비해야 하는지 아닌지에 따라 구별한다. 자율주행 차량의 경우 운전자가 신문을 보거나 잠을 자도 상관없이 차량이 자율로 주행하는 개념이다.

★ 자율주행 프로세스

글꼴 : 굴림, 18pt, 하양,
음영 색 : 파랑

　　A. 인지
　　　　ⓐ 각종 센서를 이용하여 차선 및 차량에 관한 정보 인지
　　　　ⓑ 경로 선택, 차량 간 통신을 통해 주변 도로 및 상황 정보 획득
　　B. 판단 및 제어
　　　　ⓐ 주행상황 판단 및 주행전략 결정, 주행경로 생성
　　　　ⓑ 목표 조향각/토크, 목표 가감속

그림위치(내 PC₩문서₩ITQ
₩Picture₩그림4.jpg,
문서에 포함),
자르기 기능 이용,
크기(40mm×35mm),
바깥 여백 왼쪽 : 2mm

★ 자율주행 진행 단계

글꼴 : 굴림, 18pt, 기울임,
강조점

단계	특징	내용	모니터링
1단계	운전자 지원	조향 또는 가속 및 감속 중 하나를 수행	운전자
2단계	부분 자동화	조향 또는 가속 및 감속 모두 수행하는 주행보조 기술	운전자
3단계	조건부 자동화	차량 제어와 주행환경을 인식하지만 운전자가 적절하게 제어	자율주행 시스템
4단계	고도 자동화	모든 측면을 시스템이 수행하지만 전적으로 제어하는 것은 아님	자율주행 시스템

문단 번호 기능 사용
1수준 : 20pt, 오른쪽 정렬,
2수준 : 30pt, 오른쪽 정렬
줄 간격 : 180%

글꼴 : 굴림, 24pt, 진하게,
장평 95%, 오른쪽 정렬

한국전자통신연구원

표 전체 글꼴 : 돋움, 10pt, 가운데 정렬,
셀 배경(그러데이션) : 유형(왼쪽 대각선),
시작색(하양), 끝색(노랑)

각주 구분선 : 5cm

ⓐ 94%에 이르는 대부분의 교통사고는 운전자의 부주의로 인해 발생

쪽 번호 매기기, 5로 시작　▶E

	기능	바로 가기	메뉴
핵심기능	덧말 넣기	덧말가나	[입력]-[덧말 넣기]
	머리말/꼬리말	▭, Ctrl+N, H	[쪽]-[머리말/꼬리말]
	책갈피	📖, Ctrl+K, B	[입력]-[책갈피]
	문단 첫 글자 장식	가들	[서식]-[문단 첫 글자 장식]
	그림 삽입	🖼, Ctrl+N, I	[입력]-[그림]
	한자 입력	漢✝, 한자 또는 F9	[입력]-[한자 입력]-[한자로 바꾸기]
	각주	📑, Ctrl+N, N	[입력]-[주석]-[각주]
	문자표	※, Ctrl+F10	[입력]-[문자표]
	문단 번호	⦂≡, Ctrl+K, N	[서식]-[문단 번호 모양]
	문단 모양	✅, Alt+T	[서식]-[문단 모양]
	글자 모양	가가, Alt+L	[서식]-[글자 모양]
	표	▦, Ctrl+N, T	[입력]-[표]
	쪽 번호 매기기	⌐., Ctrl+N, P	[쪽]-[쪽 번호 매기기]
	새 번호로 시작	🔢	[쪽]-[새 번호로 시작]
작업과정	문서 입력 → 머리말 → 제목 → 문단 첫 글자 장식 → 각주 → 한자 → 들여쓰기 → 그림 삽입 → 중간 제목 1 → 문단 번호 → 중간 제목 2 → 표 작성 → 기관명 → 쪽 번호 매기기 → 파일 저장		

자율주행

① 3페이지 첫 줄에 입력되어 있는 제목 아래에 본문의 내용을 오타에 주의
하여 입력한다.

② [쪽] 탭 – [머리말](▤) – [위쪽] – [양쪽] – [모양 없음]을 클릭한다.

③ 머리말 영역이 표시되면 「자율주행」을 입력한다.
→ 텍스트를 블록 설정하여 글꼴 '굴림', '10pt', [오른쪽 정렬](▤)을 설정
하고, [머리말/꼬리말] 탭 – [닫기](▤)를 클릭한다.

① 제목을 블록 설정하고 글꼴 '궁서', '18pt', '진하게', [가운데 정렬](≡)을 지정한다.

② [입력] 메뉴 – [덧말 넣기](덧말카나)를 클릭한다.

③ [덧말 넣기] 대화상자의 [덧말]에 「도로위의 혁신」을 입력하고 [덧말 위치]를 '위'로 설정한다.

🅑 기적의 TIP

덧말은 본말의 글자 속성에 따라 글꼴, 크기, 색 등이 자동으로 변경되며 본말의 가운데로 정렬된다.

🅑 기적의 TIP

덧말의 수정
덧말을 더블 클릭하거나 [편집] 메뉴–[고치기]를 클릭한다.

① 첫 번째 문단에 커서를 놓고 [서식] 탭 – [문단 첫 글자 장식](갤)을 클릭한다.

② [문단 첫 글자 장식] 대화상자에서 [모양] '2줄', 글꼴 '돋움', 면 색 '노랑'을 설정한다.

🔍 해결 TIP

문단 첫 글자 장식을 지우고 싶어요!

문단에 커서를 놓고 [문단 첫 글자 장식] 대화상자를 열어 [모양]에서 '없음'을 설정한다.

주행 자동차가 교통사고④를 줄이고,

ⓐ 94%에 이르는 대부분의 교통사고는 운전자의 부주의로 인해 발생

① 각주를 표시할 단어 뒤에 커서를 놓고, [입력] 탭 – [각주](📰)를 클릭한다.

② 각주 입력 화면이 나타나면 [주석] 탭 – [각주/미주 모양](✏️)을 클릭한다.

③ [주석 모양] 대화상자에서 번호 모양 'Ⓐ, Ⓑ, Ⓒ'를 선택한다.
→ 구분선 넣기를 체크하고 길이 '5cm'로 설정한다.

④ 각주 내용을 입력하고, [주석] 탭 – [닫기]()를 클릭한다.

기적의 TIP

각주의 글꼴
각주는 별도의 지시사항이
없는 경우 프로그램의 기본
값인 '함초롬바탕', '9pt'로
작성한다.

SECTION 05 한자

> 며 차량을 제어(制御)함으로써
> 자동차가 교통사고Ⓐ를 줄이

> 고, 교통 효율성을 높이며,
> 으로 주목(注目)받고 있다.
> 자율주행 자동차 기술로는

① 한자로 변환할 단어 뒤에 커서를 놓고 [입력] 탭 – [한자 입력](⟦✲⟧)을 클릭하거나 ⟦한자⟧ 또는 ⟦F9⟧를 누른다.

② [한자로 바꾸기] 대화상자의 한자 목록에서 변경할 한자를 선택한다.
   → 입력 형식을 '한글(漢字)'로 선택하고 [바꾸기]를 클릭한다.

🅑 기적의 TIP

문서작성 능력평가에서 한자는 두 개 단어가 출제되고 있다.

🅑 기적의 TIP

[입력 형식]에 따른 한자 표현이 다양하므로 적절한 것을 선택한다.

① 들여쓰기할 부분에서 [서식] 탭 – [문단 모양](📋)을 클릭한다.

② [기본] 탭에서 [첫 줄] 들여쓰기를 '10pt'로 설정한다.

🅱 기적의 TIP

[첫 줄] 들여쓰기 기능 대신 Space Bar 를 두 번 눌러 공간을 띄어도 된다.

① [입력 탭] – [그림](🖼)을 클릭한다.

② '내 PC₩문서₩ITQ₩Picture' 폴더에서 '그림4.jpg'를 선택한 뒤, '문서에
포함'에 체크하고 [열기]를 클릭한다.
→ 마우스로 여백에 클릭하면 그림이 삽입된다.

③ 그림을 삽입하고 [그림] 탭 – [자르기](🔲)를 클릭한다.
→ 마우스로 조절점을 드래그하여 그림을 자른다.

🅑 기적의 TIP

[자르기](🔲) 대신 [Shift]를
누른 상태에서 마우스로 조
절점을 드래그해도 바로 그
림을 자를 수 있다.

④ 삽입된 그림에 마우스 오른쪽 클릭하여 [개체 속성]을 클릭한다.

→ [개체 속성] 대화상자의 [기본] 탭 – [크기]에서 너비 「40mm」, 높이 「35mm」로 입력한다.

→ '크기 고정'에 체크하고 [본문과의 배치]는 '어울림'을 클릭한다.

⑤ [여백/캡션] 탭에서 [바깥 여백] 왼쪽 '2mm'를 설정한다.

⑥ ≪출력형태≫를 참고하여 그림의 위치를 조절한다.

기적의 TIP

방향키를 이용하면 세밀한 조절이 가능하다.

★ 자율주행 프로세스

① 문자표가 필요한 위치에 커서를 놓고 [입력] 탭 – [문자표](※)를 클릭한다.

② [문자표] 대화상자에서 '★'를 선택하여 넣는다.

③ 문자표를 포함해서 제목에 블록 설정한다.
  → 글꼴 '굴림', '18pt'를 설정한다.

④ 문자표를 제외하고 제목에 블록 설정한다.
  → [서식] 탭 – [글자 모양](가) 을 클릭한다.
  → 글자 색 '하양', 음영 색 '파랑'을 설정한다.

🅑 기적의 TIP

문자표는 색을 지정하지 않고 글꼴과 크기만 설정한다.

```
A. 인지
  ⓐ 각종 센서를 이용하여 차선 및 차량에 관한 정보 인지
  ⓑ 경로 선택, 차량 간 통신을 통해 주변 도로 및 상황 정보 획득
B. 판단 및 제어
  ⓐ 주행상황 판단 및 주행전략 결정, 주행경로 생성
  ⓑ 목표 조향각/토크, 목표 가감속
```

① 문단 번호를 지정할 부분을 블록 설정한다.

→ [서식] 탭 – [문단 번호]의 드롭다운 단추를 클릭하고 [문단 번호 모양]
  을 클릭한다.

② [글머리표 및 문단 번호] 대화상자의 [문단 번호 모양]에서 'A.'가 첫 줄에
  있는 모양을 선택하고 [사용자 정의]를 클릭한다.

🎧 해결 TIP

**문제에 맞는 문단 번호가
없어요.**
문단 번호 모양 목록에서
가장 비슷한 모양을 선택
한 후 [사용자 정의] 단추를
클릭하여 수준별 번호 서식
모양을 변경한다.

③ 1 수준에서 번호 서식 「^1.」, 너비 조정 '20pt', 정렬 '오른쪽'을 선택한다.
   → 2 수준을 클릭하고 번호 서식 「^2」, 번호 모양 'ⓐ,ⓑ,ⓒ', 너비 조정
   '30pt', 정렬 '오른쪽'을 설정한다.

 기적의 TIP

번호 서식
^1. → 1. 가. A. 로 표현
^1) → 1) 가) A) 로 표현

 기적의 TIP

[번호 위치]의 정렬은 '오른
쪽'으로 출제되고 있다.

④ [글머리표 및 문단 번호] 대화상자에서 [문단 번호 모양]이 '사용자 정의'
   로 선택되어 있는 것을 확인하고 [설정]을 클릭한다.

⑤ 2 수준이 적용될 부분을 블록 설정한다.
→ [서식] 탭 – [한 수준 감소](🔲)를 클릭한다.

⑥ 나머지 2 수준이 적용될 부분을 블록 설정한다.
→ [서식] 탭 – [한 수준 감소](🔲)를 클릭한다.

⑦ 문단 번호를 지정한 부분을 모두 블록 설정한다.

→ 줄 간격 '180%'를 설정한다.

중간 제목 2

★ *자율주행 진행 단계*

① 앞서 작업한 중간 제목 1과 같이 [입력] 탭 – [문자표](※)에서 '★'를 선택하여 넣는다.

② 문자표를 포함해서 제목에 블록 설정한다.

→ 글꼴 '굴림', '18pt'를 설정한다.

→ 문자표를 제외하고 다시 블록 설정하여 [기울임](가)을 설정한다.

③ '자율주행'을 블록 설정한다.

→ [서식] 탭 – [글자 모양](가)을 클릭하고, [확장] 탭에서 강조점 '⦂'을 설정한다.

④ 같은 방법으로 '단계'를 블록 설정하여 강조점 '⦂'을 설정한다.

SECTION 11 표

단계	특징	내용	모니터링
1단계	운전자 지원	조향 또는 가속 및 감속 중 하나를 수행	운전자
2단계	부분 자동화	조향 또는 가속 및 감속 모두 수행하는 주행보조 기술	
3단계	조건부 자동화	차량 제어와 주행환경을 인식하지만 운전자가 적절하게 제어	자율주행 시스템
4단계	고도 자동화	모든 측면을 시스템이 수행하지만 전적으로 제어하는 것은 아님	

① [입력] 탭 – 표(囲)를 클릭한 뒤, [표 만들기] 대화상자에서 줄 개수 '5', 칸 개수 '4', 글자처럼 취급에 체크하고 [만들기]를 클릭한다.

🅕 기적의 TIP

표

├──→ 칸 개수

↓
줄 개수

② 표 앞에 커서를 놓고 [가운데 정렬](≣)을 설정한다.

해결 TIP

커서가 표 앞으로 위치하지 않아요!
표에 [글자처럼 취급] 설정을 하지 않았기 때문이다. [표 디자인] 탭–[표 속성](圖)에서 해당 설정을 확인한다.

③ 4번째 칸에서 2, 3번째 줄을 블록 설정한다.

→ [표 레이아웃] 탭 – [셀 합치기](⊞)를 클릭한다.

기적의 TIP

셀 합치기
블록 설정 후 단축키 Ⓜ

④ 4번째 칸의 4, 5번째 줄도 블록 설정하여 셀을 합친다.

⑤ 표에 내용을 입력하고, 셀 경계선 부분을 드래그하여 너비를 조절한다.

기적의 TIP

표에 내용을 입력할 때 Tab 을 누르면 다음 칸으로 이동한다.

단계	특징	내용	모니터링
1단계	운전자 지원	조향 또는 가속 및 감속 중 하나를 수행	운전자
2단계	부분 자동화	조향 또는 가속 및 감속 모두 수행하는 주행보조 기술	
3단계	조건부 자동화	차량 제어와 주행환경을 인식하지만 운전자가 적절하게 제어	자율주행 시스템
4단계	고도 자동화	모든 측면을 시스템이 수행하지만 전적으로 제어하는 것은 아님	

⑥ 표 전체를 블록 설정(F5 세 번)하고 글꼴 '돋움', '10pt', [가운데 정렬](▤)을 설정한다.
→ 블록 설정된 상태에서 Ctrl 을 누른 채 ↓ 방향키를 눌러 높이를 조절한다.

B 기적의 TIP

Ctrl +방향키로 블록 설정한 부분의 높이와 너비를 조절할 수 있다.

⑦ 첫째 줄을 블록 설정하고, 마우스 오른쪽 클릭하여 [셀 테두리/배경] - [각 셀마다 적용]을 클릭하여 [셀 테두리/배경] 대화상자를 연다.

B 기적의 TIP

셀 테두리/배경 대화상자
블록 설정 후 단축키 L

⑧ [테두리] 탭에서 종류 '이중 실선'으로 지정하고 '위쪽 테두리', '아래쪽 테두리'를 클릭한다.

⑨ [배경] 탭에서 그러데이션을 클릭한다.

→ 시작 색 '하양', 끝 색 '노랑', 유형 '왼쪽 대각선'으로 설정한다.

⑩ 가장 아랫줄을 블록 설정하고 [셀 테두리/배경] 대화상자를 열어 '이중 실선'을 '아래쪽 테두리'에 설정한다.

⑪ 표 전체를 블록 설정하고 [셀 테두리/배경] 대화상자를 연다.

→ [테두리] 탭에서 '선 없음'을 '왼쪽 테두리', '오른쪽 테두리'에 설정한다.

① 「한국전자통신연구원」을 입력 후 블록 설정하여 [편집] 탭 – [글자 모양](가)을 클릭한다.
→ [기본] 탭에서 기준 크기 '24pt', 글꼴 '굴림', 장평 '95%', '진하게'를 설정한다.

② 입력한 텍스트에 [오른쪽 정렬](≡)을 설정한다.

E

① [쪽] 탭 – [쪽 번호 매기기](▣)를 클릭한다.

② [쪽 번호 매기기] 대화상자에서 번호 위치 '오른쪽 아래', 번호 모양 'A,B,C', 줄표 넣기를 체크 해제, 시작 번호 '5'를 설정하여 [넣기]를 클릭한다.

> **기적의 TIP**
>
> 쪽 번호의 글꼴, 크기는 채점 대상이 아니므로 기본값을 유지한다.

> **기적의 TIP**
>
> **현재 쪽만 감추기**
> [쪽] 탭–[현재 쪽만 감추기](▣)에서 머리말, 쪽 번호 등의 요소를 선택하여 감출 수 있다.

---

① [파일] 탭 – [저장하기](▣)를 클릭하여 완성된 문서를 저장한다.

② 저장 경로(내 PC₩문서₩ITQ)와 파일명(수험번호 – 성명)이 맞게 되어 있는지 확인한다.

정답파일 PART 01 시험 유형 따라하기₩유형5-1번_정답.hwp

글꼴 : 굴림, 18pt, 진하게, 가운데 정렬
책갈피 이름 : 환경 덧말 넣기

그린패키징 전략

머리말 기능
돋움, 10pt, 오른쪽 정렬

환경연구소
그린패키징 디자인 전략과 시사점

각주

문단 첫 글자 장식 기능
글꼴 : 궁서, 면색 : 노랑

그린패키징은 생분해성의 식물 유래 플라스틱이나 재생재료, 사용된 비닐봉지 등 지속 가능한 재료를 사용하는 환경친화⊙적인 포장방식을 의미하며 기존 포장에 비해 이산화탄소 배출량과 제조 공정에서 발생하는 폐기물량이 적다는 장점이 있다. 환경부(2009)에 의하면 친환경포장을 감량, 재사용, 재활용, 열회수, 폐기처리 등에 주안점을 두어 설계(設計)하도록 선언하고 있다.

포장재료를 기준으로 그린패키징의 유형을 구분한다. 재활용 포장재는 화학적으로 재가공하는 재료를 사용하는 방법으로서 종이, 비닐 등 재료에 의한 포장을 포함한다. 재사용 포장재는 재료를 세척(洗滌)하여 새 라벨 부착 등으로 다시 사용하는 방법으로서 섬유봉투, 유리병 등 포장재를 포함한다. 비재생 자원 제조의 플라스틱 포장재는 석유 등 비재생자원으로부터 제조한 포장재로서 사용 후 생해 가능한 바이오 플라스틱 포장재이다. 바이오메탄 제조의 플라스틱 포장재는 신재생자원인 바이오메탄으로 제조하였으며 사용 후 생분해 불가능한 포장재이다. 바이오메탄 이외 신재생자원으로 제조한 생분해성 플라스틱 포장재는 콩단백질 등으로부터 제조하며, 사용 후 생분해 가능한 포장재이다.

그림위치(내 PC₩문서₩ITQ₩Picture₩그림4.jpg, 문서에 포함), 자르기 기능 이용, 크기(40mm×40mm), 바깥 여백 왼쪽 : 2mm

♣ 그린패키징 설계 기준

글꼴 : 궁서, 18pt, 하양
음영색 : 파랑

가. 포장 재료의 감량
  ㉠ 불필요한 두께, 무게가 감량되도록 설계
  ㉡ 재활용, 열 회수, 폐기처리 저해 소재 배제
나. 포장 재료의 재활용
  ㉠ 금속, 유리, 플라스틱 등 재활용 가능한 단일 포장 재료 설계
  ㉡ 라벨을 부착할 경우 포장재와 동일한 재질 선택

♣ *지속가능 패키징 디자인 전략*

글꼴 : 궁서, 18pt, 기울임, 강조점

구분	목표	주요 전략 사례
전통적 정의	기술적	전체 패키징 시스템 고려, 새로운 기술 연구
	규제 준수	규제 준수를 위한 디자인, 제품표시 요건 준수
확장된 정의	자원 최적화	원자재 절감 실천, 재활용 원자재 사용
	공정 조달	환경 모범사례 및 신재생 원자재에 의한 디자인
원자재 건강성		패키징 라이프사이클 전주기에 걸친 잠재적인 건강, 환경 영향 숙지

표 전체 글꼴 : 굴림, 10pt, 가운데 정렬, 셀 배경(그러데이션) : 유형(가로), 시작색(하양), 끝색(노랑)

그린패키징연구소

글꼴 : 돋움, 24pt, 진하게
장평 105%, 오른쪽 정렬

문단 번호 기능 사용,
1수준 : 20pt, 오른쪽 정렬,
2수준 : 30pt, 오른쪽 정렬
줄 간격 : 180%

㉠ 자연환경을 오염하지 않고 자연 그대로의 환경과 잘 어울리는 것

각주 구분선 : 5cm

쪽 번호 매기기, 5로 시작 ⑤

글꼴 : 궁서, 18pt, 진하게, 가운데 정렬
책갈피 이름 : 국기 　덧말 넣기

대한민국의 상징

문단 첫 글자 장식 기능
글꼴 : 굴림, 면색 : 노랑

태극기
국민통합과 자긍심의 상징

각주

머리말 기능
돋움, 10pt, 오른쪽 정렬

우리나라의 국기[가] 제정은 1882년(고종 19년) 5월 22일 체결된 조미수호통상조약 조인식이 직접적인 계기가 되었다고 한다. 하지만 아쉽게도 당시 조인식 때 게양된 국기의 형태에 대해서는 현재 정확한 기록이 남아 있지 않다. 태극기(太極旗)는 흰색 바탕에 가운데 태극 문양과 네 모서리의 건곤감리 그리고 4괘로 구성되어 있다. 태극기의 흰 바탕은 밝음과 순수, 그리고 전통적으로 평화를 사랑하는 우리의 민족성을 나타내고 있다. 가운데의 태극 문양은 음(파란색)과 양(빨간색)의 조화를 상징하는 것으로 우주 만물이 음양의 상호 작용에 의해 생성되고 발전한다는 대자연의 진리를 형상화한 것이다. 네 모서리의 4괘는 음과 양이 서로 변화하고 발전하는 모습을 효의 조합을 통해 구체적으로 나타낸 것이다. 우주 만물 중에서 건괘는 하늘을, 곤괘는 땅을, 감괘는 물을, 이괘는 불을 상징한다.

예로부터 우리 선조들이 생활 속에서 즐겨 사용하던 태극 문양을 중심으로 만들어진 태극기는 우주와 더불어 끝없이 창조와 번영을 희구하는 한민족(韓民族)의 이상을 담고 있다. 따라서 우리는 태극기에 담긴 이러한 정신과 뜻을 이어받아 민족의 화합과 통일을 이룩하고, 인류의 행복과 평화에 이바지해야 할 것이다.

그림위치(내 PC\문서\ITQ \Picture\그림4.jpg, 문서에 포함), 자르기 기능 이용, 크기(40mm×30mm), 바깥 여백 왼쪽 : 2mm

♠ **국기 게양 방법**

글꼴 : 굴림, 18pt, 하양, 음영색 : 빨강

▶ 가) 국기 다는 시간
　　a) 매일 24시간 달 수 있으나 야간에는 적절한 조명을 해야 한다.
　　b) 학교나 군부대는 낮에만 단다.
　나) 국기를 매일 게양 및 강하하는 경우
▶　　a) 다는 시각 : 오전 7시
▶　　b) 내리는 시각 : 3월-10월(오후 6시), 11월-2월(오후 5시)

♠ *국기를 게양하는 날*

글꼴 : 굴림, 18pt, 기울임, 강조점

구분	다는 날	날짜	다는 방법	조기 게양
5대 국경일	3.1절	3월 1일	깃봉과 깃면의 사이를 떼지 않고 닮	현충일(6월 6일) 국장기간 국민장 정부지정일
	제헌절	7월 17일		
	광복절	8월 15일		
	개천절	10월 3일		
	한글날	10월 9일		
기념일	국군의 날	10월 1일		

문단 번호 기능 사용,
1수준 : 20pt, 오른쪽 정렬,
2수준 : 30pt, 오른쪽 정렬
줄 간격 : 180%

표 전체 글꼴 : 돋움, 10pt,
가운데 정렬
셀 배경(그러데이션) : 유형(세로),
시작색(하양), 끝색(노랑)

행정안전부

글꼴 : 궁서, 24pt, 진하게
장평 110%, 오른쪽 정렬

[가] 국가의 전통과 이상을 특정한 빛깔과 모양으로 나타낸 기

각주 구분선 : 5cm

쪽 번호 매기기, 4로 시작 ▶ iv

글꼴 : 궁서, 18pt, 진하게, 가운데 정렬
책갈피 이름 : 저작권　덧말 넣기

저작권 보호 ◀

문단 첫 글자 장식 기능
글꼴 : 돋움, 면색 : 노랑

저작권 보호
올바른 문화 향유와 저작권

머리말 기능
굴림, 10pt 오른쪽 정렬

인 터넷의 기능과 정보 사회의 발전(發展)을 보장하기 위해서 다양한 정보를 연결해 주
는 링크는 자유롭게 설정될 수 있어야 한다. 링크의 자유는 특히 표현의 자유나 정
보의 자유와 같은 헌법상 기본권을 보장하는 데 중요한 역할을 하고 있기 때문이다. 하지만
타인의 권리, 특히 타인의 저작권을 침해하면서까지 링크의 자유가 무한정 보장될 수는 없
을 것이다. 저작권이란 소설이나 시, 음악, 미술 등과 같은 저작물을 창작한 사람이 자신의
창작물을 복제, 공연, 전시, 방송 또는 전송하는 등 법이 정하고 있는 일정한 방식으로 스
스로 이용하거나 다른 사람이 그러한 방식으로 이용하는 것을 허락할 수 있는 권리를 말한다. 저작권은 저작자Ⓐ가 경
제적 부담 없이 창작 활동에 전념할 수 있도록 동기를 부여함으로써 결과적으로 우리나라의 문화와 관련 산업의 발전
을 도모하며 나아가 인류 문화유산의 축적에 기여할 수 있다.

각주

　　문화의 발전을 위해서는 다양한 문학과 예술 작품이 창작(創作)되고 사회 일반에 의해 폭넓게 재창작되어야 한다.
이를 위해 문화체육관광부는 저작권에 대한 국민적 인식을 정립하고 저작권 침해를 방지하고자 매월 26일을 저작권
보호의 날로 지정하여 홍보와 계도를 계속하고 있다.

그림위치(내 PC₩문서₩ITQ
₩Picture₩그림5.jpg,
문서에 포함),
자르기 기능 이용,
크기(40mmX30mm),
바깥 여백 왼쪽 : 2mm

♥ 저작권의 종류와 개념 ◀

글꼴 : 궁서, 18pt, 하양
음영색 : 파랑

- A. 저작인격권
  - 1. 공표권 : 자신의 저작물을 공중에게 공표 여부를 결정할 권리
  - 2. 성명표시권 : 저작물에 자신의 이름을 표시할 권리
- B. 저작재산권
  - 1. 복제권 : 사진, 복사 등의 방법으로 고정 또는 유형물로 다시 제작
  - 2. 공중송신 : 전송, 방송, 디지털음성송신 등

♥ *지식재산권 보호 관련 업무* ◀ 글꼴 : 궁서, 18pt, 기울임, 강조점

권리	소관부처	주요 업무	세부 추진사항
산업재산권	특허청	특허, 상표 및 디자인 등 국내외 보호활동	특허심판 및 위조 상품 단속
저작권	문화체육관광부	국내외 저작권 보호활동	저작권 침해 단속, ICOP 운영
단속 및	검찰청, 경찰청	지식재산권 침해물품의 불법복제 및 유통 단속	수사 인력의 전문성 강화
수사 집행	무역위원회	지식재산권 침해 등 불공정무역행위 조사	원산지표시 위반 등 조사

문단 번호 기능 사용,
1수준 : 20pt, 오른쪽 정렬,
2수준 : 30pt, 오른쪽 정렬
줄 간격 : 180%

표 전체 글꼴 : 돋움, 10pt,
가운데 정렬
셀 배경(그러데이션) : 유형(왼쪽 대각선),
시작색(하양), 끝색(노랑)

한국저작권위원회 ◀

글꼴 : 굴림, 24pt, 진하게
장평 105%, 오른쪽 정렬

Ⓐ 생각이나 감정을 창작적인 것으로 표현한 저작물을 만든 사람

각주 구분선 : 5cm

쪽 번호 매기기, 5로 시작 ➔ 마

PART

02

대표 기출 따라하기

대표 기출 따라하기

과목	코드	문제유형	시험시간	수험번호	성명
아래한글	1111	A	60분		

수험자 유의사항

- 수험자는 문제지를 받는 즉시 문제지와 **수험표상의 시험과목(프로그램)이 동일한지 반드시 확인**하여야 합니다.
- 파일명은 본인의 "수험번호−성명"으로 입력하여 답안폴더(내 PC₩문서₩ITQ)에 하나의 파일로 저장해야 하며, 답안문서 파일명이 "수험번호−성명"과 일치하지 않거나, 답안파일을 전송하지 않아 미제출로 처리될 경우 실격 처리합니다(예:12345678−홍길동.hwp).
- 답안 작성을 마치면 파일을 저장하고, '답안 전송' 버튼을 선택하여 감독위원 PC로 답안을 전송하십시오. 수험생 정보와 저장한 파일명이 다를 경우 전송되지 않으므로 주의하시기 바랍니다.
- 답안 작성 중에도 **주기적으로 저장하고, '답안 전송'**하여야 문제 발생을 줄일 수 있습니다. 작업한 내용을 저장하지 않고 전송할 경우 이전에 저장된 내용이 전송되니 이점 유의하시기 바랍니다.
- 답안문서는 지정된 경로 외의 다른 보조기억장치에 저장하는 경우, 지정된 시험 시간 외에 작성된 파일을 활용할 경우, 기타 통신수단(이메일, 메신저, 네트워크 등)을 이용하여 타인에게 전달 또는 외부 반출하는 경우는 부정 처리합니다.
- 시험 중 부주의 또는 고의로 시스템을 파손한 경우는 수험자가 변상해야 하며, 〈수험자 유의사항〉에 기재된 방법대로 이행하지 않아 생기는 불이익은 수험생 당사자의 책임임을 알려 드립니다.
- 문제의 조건은 한컴오피스 2020 버전으로 설정되어 있으니 유의하시기 바랍니다.
- 시험을 완료한 수험자는 답안파일이 전송되었는지 확인한 후 감독위원의 지시에 따라 문제지를 제출하고 퇴실합니다.

답안 작성요령

- **온라인 답안 작성 절차**
  수험자 등록 ⇒ 시험 시작 ⇒ 답안파일 저장 ⇒ 답안 전송 ⇒ 시험 종료
- **공통 부문**
  − 글꼴에 대한 기본설정은 함초롬바탕, 10포인트, 검정, 줄간격 160%, 양쪽정렬로 합니다.
  − 색상은 조건의 색을 적용하고 색의 구분이 안 될 경우에는 RGB 값을 적용하십시오.
    (빨강 255,0,0 / 파랑 0,0,255 / 노랑 255,255,0).
  − 각 문항에 주어진 ≪조건≫에 따라 작성하고 언급하지 않은 조건은 ≪출력형태≫와 같이 작성합니다.
  − 용지여백은 왼쪽·오른쪽 11mm, 위쪽·아래쪽·머리말·꼬리말 10mm, 제본 0mm로 합니다.
  − 그림 삽입 문제의 경우 「내 PC₩문서₩ITQ₩Picture」 폴더에서 지정된 파일을 선택하여 삽입하십시오.
  − 삽입한 그림은 반드시 문서에 포함하여 저장해야 합니다(미포함 시 감점 처리).
  − 각 항목은 지정된 페이지에 출력형태와 같이 정확히 작성하시기 바라며, 그렇지 않을 경우에 해당 항목은 0점 처리됩니다.
    ※ 페이지구분 : 1페이지 − 기능평가Ⅰ(문제번호 표시 : 1. 2.),
    　　　　　　　 2페이지 − 기능평가Ⅱ(문제번호 표시 : 3. 4.),
    　　　　　　　 3페이지 − 문서작성 능력평가
- **기능평가**
  − 문제와 ≪조건≫은 입력하지 않으며 문제번호와 답(≪출력형태≫)만 작성합니다.
  − 4번 문제는 묶기를 했을 경우 0점 처리됩니다.
- **문서작성 능력평가**
  − A4 용지(210mm×297mm) 1매 크기, 세로 서식 문서로 작성합니다.
  − ▢ 표시는 문서작성에 대한 지시사항이므로 작성하지 않습니다.

01 다음의 《조건》에 따라 스타일 기능을 적용하여 《출력형태》와 같이 작성하시오. 50점

조건	(1) 스타일 이름 – governance (2) 문단 모양 – 왼쪽 여백 : 15pt, 문단 아래 간격 : 10pt (3) 글자 모양 – 글꼴 : 한글(돋움)/영문(굴림), 크기 : 10pt, 장평 : 95%, 자간 : 5%
출력형태	Create a framework for governance that forms a private council that links local resources and improves the water quality of private small rivers, centered on local residents. 소하천 지역 주민과 농업인을 중심으로 하는 민간 소하천 수질개선 지역공동체 구성과 지역자원을 연계한 민간 협의체를 구성하는 거버넌스 프레임 워크를 만듭니다.

02 다음 《조건》에 따라 《출력형태》와 같이 표와 차트를 작성하시오. 100점

표 조건	(1) 표 전체(표, 캡션) – 돋움, 10pt (2) 정렬 – 문자 : 가운데 정렬, 숫자 : 오른쪽 정렬 (3) 셀 배경(면색) : 노랑 (4) 한글의 계산 기능을 이용하여 빈칸에 합계를 구하고, 캡션 기능 사용할 것 (5) 선 모양은 《출력형태》와 동일하게 처리할 것

출력형태

전국 수계 수질개선 지역공동체 현황(단위: 개)

구분	한강	낙동강	금강	섬진강	합계
환경시민단체	21	13	18	10	
지역마을주민	34	21	16	9	
교육기관	45	28	15	11	
정화시설	9	5	3	2	✕

차트 조건	(1) 차트 데이터는 표 내용에서 구분별 환경시민단체, 지역마을주민, 교육기관의 값만 이용할 것 (2) 종류 – 〈묶은 세로 막대형〉으로 작업할 것 (3) 제목 – 돋움, 진하게, 12pt, 속성 – 채우기(하양), 테두리, 그림자(대각선 오른쪽 아래) (4) 제목 이외의 전체 글꼴 – 돋움, 보통, 10pt (5) 축제목과 범례는 《출력형태》와 동일하게 처리할 것

출력형태

03 수식 편집기로 다음 수식 (1), (2)를 각각 입력하시오.   40점

출력형태	$(1)\ \dfrac{V_2}{V_1} = \dfrac{0.90 \times 10^3}{1.0 \times 10^4} = 0.09$ $(2)\ \displaystyle\int_a^b A(x-a)(x-b)dx = -\dfrac{A}{6}(b-a)^3$

04 다음의 ≪조건≫에 따라 ≪출력형태≫와 같이 문서를 작성하시오.   110점

조건	(1) 그리기 도구를 이용하여 작성하고, 모든 도형(글맵시, 지정된 그림 포함)을 ≪출력형태≫와 같이 작성하시오. (2) 도형의 면색은 지시사항이 없으면 색 없음을 제외하고 서로 다르게 임의로 지정하시오.
출력형태	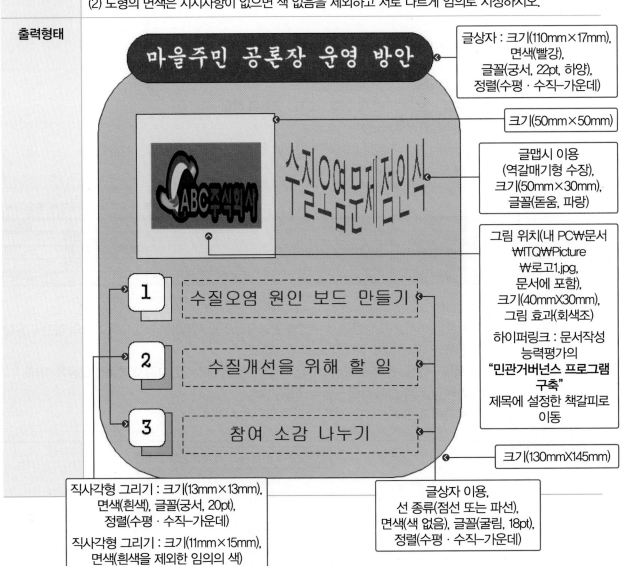

글상자 : 크기(110mm×17mm), 면색(빨강), 글꼴(궁서, 22pt, 하양), 정렬(수평·수직-가운데)

크기(50mm×50mm)

글맵시 이용 (역갈매기형 수장), 크기(50mm×30mm), 글꼴(돋움, 파랑)

그림 위치(내 PC₩문서 ₩ITQ₩Picture ₩로고1.jpg, 문서에 포함), 크기(40mm×30mm), 그림 효과(회색조)

하이퍼링크 : 문서작성 능력평가의 **"민관거버넌스 프로그램 구축"** 제목에 설정한 책갈피로 이동

크기(130mm×145mm)

직사각형 그리기 : 크기(13mm×13mm), 면색(흰색), 글꼴(궁서, 20pt), 정렬(수평·수직-가운데)
직사각형 그리기 : 크기(11mm×15mm), 면색(흰색을 제외한 임의의 색)

글상자 이용, 선 종류(점선 또는 파선), 면색(색 없음), 글꼴(굴림, 18pt), 정렬(수평·수직-가운데)

글꼴 : 굴림, 18pt, 진하게, 가운데 정렬,
책갈피 이름 : 소하천　덧말 넣기

첫 글자 장식 기능
글꼴 : 궁서, 면색 : 노랑

소하천 수질개선

머리말 기능
돋움, 10pt, 오른쪽 정렬

강원 산간지역
민관거버넌스 프로그램 구축

강원 산간지역의 하천 수질은 점오염원보다는 농업비점오염 및 농촌비점오염원의 유입으로 인한 오염(汚染)이 매우 크다. 지형 경사가 큰 산간지역의 특성으로 인하여 우기 시 다량으로 유출되는 토사가 하천으로 유입되면서 수질을 오염시키고, 하류지역 농경지에 토사가 퇴적/매몰되어 부정적인 영향을 미치고 있다. 비점오염원ⓐ의 특성상 배출범위가 광범위하여 수집을 통한 관리가 불가능한 것이 현실이다.

각주

　정부에서는 비점오염원 배출 저감을 위한 다양한 방안을 강구하였으나 효과(效果)를 보지 못하였고, 이에 농업비점오염원 배출 저감을 위한 배출원에서부터 사전 예방적 차원의 관리가 중요하다는 것을 인지하게 되었으며, 이를 위해서는 주민과 농업인의 비점오염원 배출 저감 교육과 홍보가 필요하고 주민의 적극적 참여가 매우 중요하다는 것을 강조하게 되었다. 따라서 소하천 수질 관리를 위해서 농업농촌비점오염의 사전 예방적 관리에 주민과 농업인의 적극적 참여를 유도해야 한다. 또한 고령화되는 농촌지역의 특성을 감안한 역량강화 프로그램을 개발 및 운영하여 주민 스스로 지역 환경을 개선하고 지켜나갈 수 있도록 주민의 관심을 유도하는 것이 필요하다.

글꼴 : 궁서, 18pt, 하양
음영색 : 빨강

※ 주민참여 공론장의 목적 및 주요 내용

가. 주민참여 공론장의 목적
　㉠ 강원산간 흙탕물 발생 및 수질오염에 대한 의견 공유
　㉡ 소하천 수질개선을 위한 공동의 목표 수립
나. 주민참여 공론장의 주요 내용
　㉠ 간담회를 통한 소하천 문제점 공유 및 개선안 논의
　㉡ 수질오염 개선방안을 위한 공론장 운영

그림 위치(내 PC\문서\ITQ\Picture\그림4.jpg, 문서에 포함) 자르기 기능 이용, 크기(40mm×40mm), 바깥 여백 왼쪽 : 2mm

※ *비점오염원 인식교육*

글꼴 : 궁서, 18pt, 기울임, 강조점

구분	교육주제	교육내용	장소
정화활동	수질개선 EM교육	도시의 평균대기질 농도 파악	거주민 인근하천
주민참여	인식개선 교육	미생물을 이용한 쌀뜨물 발효액 만들기	주민센터 교육장
주민실천	실생활 적용교육	토사유출 및 농업비점오염원 관리 필요성	평생교육기관
실천심화	역량강화 교육	비점오염원 저감 시설의 주민참여 관리 방안	평생교육기관
교육시기 운영계획		강원 산간 지역의 주민실천 사업은 농사시기를 고려할 것	

문단 번호 기능 사용
1수준 : 20pt, 오른쪽 정렬,
2수준 : 30pt, 오른쪽 정렬
줄 간격 : 180%

표 전체 글꼴 : 굴림, 10pt, 가운데 정렬, 셀 배경(그러데이션) : 유형(가로), 시작색(하양), 끝색(노랑)

원주지방환경청

글꼴 : 돋움, 24pt, 진하게
장평 105%, 오른쪽 정렬

각주 구분선 : 5cm

㉠ 불특정장소에서 불특정하게 수질오염물질을 배출하는 배출원

쪽 번호 매기기, 6으로 시작　⑥

정답파일 PART 02 대표 기출 따라하기\대표기출_정답.hwp

답안 작성요령	• 파일명은 본인의 "수험번호–성명"으로 입력하여 답안폴더(내 PC\문서\ITQ)에 하나의 파일로 저장해야 하며, 답안문서 파일명이 "수험번호–성명"과 일치하지 않거나, 답안파일을 전송하지 않아 미제출로 처리될 경우 실격 처리합니다.(@ 12345678–홍길동.hwp)
	• 글꼴에 대한 기본설정은 함초롬바탕, 10포인트, 검정, 줄간격 160%, 양쪽정렬로 합니다.
	• 색상은 조건의 색을 적용하고 색의 구분이 안 될 경우에는 RGB 값을 적용하십시오. (빨강 255,0,0 / 파랑 0,0,255 / 노랑 255,255,0)
	• 용지여백은 왼쪽 · 오른쪽 11㎜, 위쪽 · 아래쪽 · 머리말 · 꼬리말 10㎜, 제본 0㎜로 합니다.
	• 페이지구분 : 1페이지 – 기능평가 I (문제번호 표시 : 1. 2.), 　　　　　　　2페이지 – 기능평가 II (문제번호 표시 : 3. 4.), 　　　　　　　3페이지 – 문서작성 능력평가

SECTION 01 환경 설정

① 글꼴 '함초롬바탕', '10pt'를 설정하고, [폭 맞춤]을 설정한다.

> 🅑 기적의 TIP
>
> 배율은 각자 편한 수치로 설정한다.

② [파일] 메뉴 – [편집 용지]를 클릭한다.

→ [용지 종류] A4를 확인하고 왼쪽 · 오른쪽 '11mm', 위쪽 · 아래쪽 · 머리말 · 꼬리말 '10mm', 제본 '0mm'를 설정한다.

③ 문제 번호 「1.」을 입력하고 Enter 를 세 번, 「2.」를 입력하고 Enter 를 한 번 누른다.

④ [쪽] 탭 – [구역 나누기]( )를 클릭하여 페이지를 구분한다.

기적의 TIP

편집 용지
단축키 F7

구역 나누기
단축키 Alt + Shift + Enter

⑤ 두 번째 페이지로 이동되면 문제 번호 「3.」, 「4.」를 앞 페이지처럼 입력한 후 [구역 나누기]([🔽])를 클릭한다.

⑥ [파일] 메뉴 – [저장하기]([💾])를 클릭한다.
　→ '내 PC\문서\ITQ' 폴더로 이동하여 파일 이름 '수험번호 – 이름.hwp'로 저장한다.

🅑 기적의 TIP

저장하기
단축키 [Alt]+[S]
자주 저장하며 진행하는 것이 안전하다.

🅑 기적의 TIP

hwpx 파일 형식으로 저장하지 않도록 주의한다.

기능평가 I의 문제 1번은 영문과 한글에 '스타일' 기능을 적용하는 문제이며 영문/한글 두 문단이 출제된다. 오타 없이 내용을 입력한 후 '문단 모양'과 '글자 모양'을 '스타일'로 지정하여 적용한다.

조건	(1) 스타일 이름 – governance (2) 문단 모양 – 왼쪽 여백 : 15pt, 문단 아래 간격 : 10pt (3) 글자 모양 – 글꼴 : 한글(돋움)/영문(굴림), 크기 : 10pt, 장평 : 95%, 자간 : 5%
출력형태	Create a framework for governance that forms a private council that links local resources and improves the water quality of private small rivers, centered on local residents. 소하천 지역 주민과 농업인을 중심으로 하는 민간 소하천 수질개선 지역공동체 구성과 지역자원을 연계한 민간 협의체를 구성하는 거버넌스 프레임 워크를 만듭니다.

SECTION 01   글자 입력 및 스타일 지정

① 문제 번호 다음 줄에 내용을 입력한다.

> 1.
> Create a framework for governance that forms a private council that links local resources and improves the water quality of private small rivers, centered on local residents.
> 소하천 지역 주민과 농업인을 중심으로 하는 민간 소하천 수질개선 지역공동체 구성과 지역자원을 연계한 민간 협의체를 구성하는 거버넌스 프레임 워크를 만듭니다.

🄑 기적의 TIP

영문/한글 입력 전환
[한/영]을 누르거나 왼쪽 [Shift] + [Space Bar]를 누른다.

② [서식] 탭 – [스타일 추가하기](📝➕)를 클릭한다.
    → [스타일 이름]에 「governance」를 입력하고 [문단 모양]을 클릭한다.

③ [문단 모양] 대화상자에서 지시사항대로 왼쪽 여백 '15pt', 문단 아래 간격 '10pt'를 설정한다.

④ [스타일 추가하기] 대화상자에서 [글자 모양]을 클릭한다.

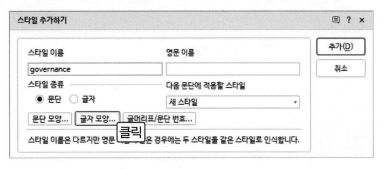

⑤ [글자 모양] 대화상자에서 지시사항대로 기준 크기 '10pt', 언어 '한글', 글꼴 '돋움', 장평 '95%', 자간 '5%'를 지정한다.

⑥ 언어를 '영문'으로 지정하고, 글꼴 '굴림', 장평 '95%', 자간 '5%'를 설정한다.
  → 다시 [스타일 추가하기] 대화상자가 나타나면 [추가]를 클릭한다.

⑦ [서식] 탭에서 'governance'로 정의된 스타일이 추가되어 있는 것을 확인할 수 있다.

→ 스타일을 적용하려는 부분에 블록 설정하여 [governance]를 클릭한다.

🄱 기적의 TIP

[스타일 추가하기] 대화상자에서 [스타일 종류]를 '문단'으로 설정하면 적용하고자 하는 문단에 커서만 위치한 상태에서 적용해도 된다. [스타일 종류]를 '글자'로 설정하면 블록 설정이 된 부분만 스타일이 적용된다.

기능평가 ❶ 표 작성하기   50점

기능평가 I의 문제 2번 표 작성은 일반적으로 5~6개 줄/칸의 형태로 출제된다. 표를 만들어 내용을 입력하고 글꼴, 정렬, 배경색 등의 조건을 설정한 후 블록 계산과 캡션 기능을 사용하도록 한다.

표 조건	(1) 표 전체(표, 캡션) – 돋움, 10pt (2) 정렬 – 문자 : 가운데 정렬, 숫자 : 오른쪽 정렬 (3) 셀 배경(면색) : 노랑 (4) 한글의 계산 기능을 이용하여 빈칸에 합계를 구하고, 캡션 기능 사용할 것 (5) 선 모양은 ≪출력형태≫와 동일하게 처리할 것
출력형태	

전국 수계 수질개선 지역공동체 현황(단위: 개)

구분	한강	낙동강	금강	섬진강	합계
환경시민단체	21	13	18	10	
지역마을주민	34	21	16	9	
교육기관	45	28	15	11	
정화시설	9	5	3	2	

① 문제 번호 「2.」 다음 줄에 커서를 위치시키고 [입력] 탭 – 표(⊞)를 클릭한다.
→ [표 만들기] 대화상자에서 줄 개수 '5', 칸 개수 '6', 글자처럼 취급에 체크하고 [만들기]를 클릭한다.

② 표에 내용을 입력한다.

구분	한강	낙동강	금강	섬진강	합계
환경시민단체	21	13	18	10	
지역마을주민	34	21	16	9	
교육기관	45	28	15	11	
정화시설	9	5	3	2	

③ 표 전체를 블록 설정(F5 세 번)하고 글꼴 '돋움', '10pt', [가운데 정렬](≡)을 설정한다.

④ 숫자 부분을 블록 설정하고 [오른쪽 정렬](≡)을 지정한다.

① 표 전체를 블록 설정(F5 세 번)한다.
→ 마우스 오른쪽 클릭하여 [셀 테두리/배경] – [각 셀마다 적용]을 클릭한다.

② [테두리] 탭에서 '이중 실선'을 '바깥쪽'에 설정한다.

③ 같은 방법으로 첫째 줄과 첫째 칸을 차례로 블록 설정하며 '이중 실선'을 '바깥쪽'에 설정한다.

구분	한강	낙동강	금강	섬진강	합계
환경시민단체	21	13	18	10	
지역마을주민	34	21	16	9	
교육기관	45	28	15	11	
정화시설	9	5	3	2	

⬇

구분	한강	낙동강	금강	섬진강	합계
환경시민단체	21	13	18	10	
지역마을주민	34	21	16	9	
교육기관	45	28	15	11	
정화시설	9	5	3	2	

④ 대각선이 들어가는 셀에 마우스 오른쪽 클릭하여 [셀 테두리/배경] – [각 셀마다 적용]을 클릭한다.

⑤ [대각선] 탭을 선택하고 ◫과 ◪를 클릭하여 설정한다.

⑥ 배경색을 지정할 부분을 블록 설정한다.
→ [표 디자인] 탭 – [표 채우기]의 드롭다운 단추를 클릭하여 '노랑'을 선택한다.

① 계산식이 이루어지는 부분을 블록 설정한다.

→ [표 레이아웃] 탭 – [계산식](圖) – [블록 합계](圖)를 클릭한다.

② 캡션을 달기 위해 먼저 표를 선택하거나 표 안에 커서를 위치시킨다.

→ [표 레이아웃] 탭 – [캡션](圖)의 드롭다운 단추를 클릭한 후 [위]를 선택한다.

③ 캡션 '표 1'이 만들어지면 지우고「전국 수계 수질개선 지역공동체 현황 (단위: 개)」를 입력한다.

표 1

구분	한강	낙동강	금강	섬진강	합계
환경시민단체	21	13	18	10	62
지역마을주민	34	21	16	9	80
교육기관	45	28	15	11	99
정화시설	9	5	3	2	

↓

전국 수계 수질개선 지역공동체 현황(단위: 개)

구분	한강	낙동강	금강	섬진강	합계
환경시민단체	21	13	18	10	62
지역마을주민	34	21	16	9	80
교육기관	45	28	15	11	99
정화시설	9	5	3	2	

④ 캡션 부분을 블록 설정하고 글꼴 '돋움', '10pt', [오른쪽 정렬](▤)을 설정한다.

⑤ 줄, 칸 너비 조절이 필요한지 확인한다. 셀을 블록 설정한 상태에서 Ctrl +방향키로 조절할 수 있다.

전국 수계 수질개선 지역공동체 현황(단위: 개)

구분	한강	낙동강	금강	섬진강	합계
환경시민단체	21	13	18	10	62
지역마을주민	34	21	16	9	80
교육기관	45	28	15	11	99
정화시설	9	5	3	2	

🄑 기적의 TIP

셀 너비, 높이 조절
블록 설정 후
Ctrl + ← → ↑ ↓

기능평가 I의 문제 2번 차트 작성은 앞서 작성한 표의 일부 데이터를 이용하는 형태로, 일반적으로 표에서 셀 배경색을 지정한 부분을 데이터로 사용한다. 차트 각 요소들의 글꼴 설정에 주의하도록 한다.

차트 조건	(1) 차트 데이터는 표 내용에서 구분별 환경시민단체, 지역마을주민, 교육기관의 값만 이용할 것 (2) 종류 – 〈묶은 세로 막대형〉으로 작업할 것 (3) 제목 – 돋움, 진하게, 12pt, 속성 – 채우기(하양), 테두리, 그림자(대각선 오른쪽 아래) (4) 제목 이외의 전체 글꼴 – 돋움, 보통, 10pt (5) 축제목과 범례는 ≪출력형태≫와 동일하게 처리할 것
출력형태	

SECTION 01 | 차트 만들기

① 표에서 차트에 반영되는 영역만 블록 설정한다.
→ [입력] 탭 – [차트](📊)를 클릭하고 '묶은 세로 막대형'을 선택한다.

🅱 기적의 TIP

셀 배경(면색)을 설정한 부분으로 차트를 만드는 유형이 주로 출제된다.

② [차트 데이터 편집] 대화상자가 나타나면 닫는다.

③ 차트를 선택하고 마우스 드래그하여 표 아래로 이동한다.

④ 차트의 크기 조절점을 드래그하여 표의 너비와 비슷하게 조절한다.

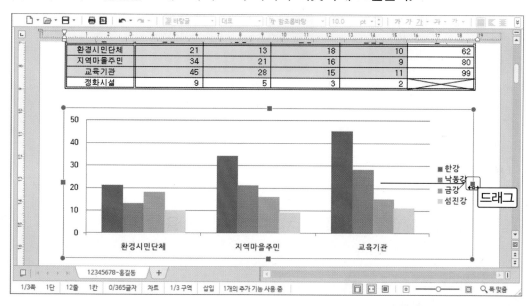

⑤ 차트의 값 축을 클릭하여 선택하고, 마우스 오른쪽 클릭한 후 [축 속성]을 클릭한다.

⑥ [경계] – [최솟값]에 「0」, [최댓값]에 「60」, [단위] – [주]에 「20」을 입력하
고 작업 창을 닫는다.

기적의 TIP

주 눈금은 바깥쪽으로 기본
설정된다.

⑦ 차트의 눈금선을 클릭하여 선택하고, Delete 를 눌러 삭제한다.

SECTION 02 차트 제목 작성

① [차트 디자인] 탭(📊)에서 [차트 구성 추가](📊) – [차트 제목] – [위쪽]을
선택한다.

② '차트 제목'을 클릭하여 선택한 뒤 마우스 오른쪽 클릭하여 [제목 편집]을 클릭한다.

③ [차트 글자 모양] 대화상자가 나타나면 [글자 내용]에 「전국 수계 수질개선 지역공동체 현황」을 입력한다.

→ 글꼴 '돋움', '진하게', '12pt'를 설정한다.

④ 다시 '차트 제목'에서 마우스 오른쪽 클릭하여 [차트 제목 속성]을 클릭한다.

⑤ [개체 속성] 작업 창이 열리면 [그리기 속성](✏️)에서 [채우기]는 '밝은 색', [선]은 '어두운 색'을 지정한다.

→ [효과](🔲)에서 [그림자]를 '대각선 오른쪽 아래'로 설정하고 작업 창을 닫는다.

SECTION 03 축 제목 추가

---

① [차트 디자인] 탭(📊)에서 [차트 구성 추가](📊) – [축 제목] – [기본 세로]를 선택한다.

② '축 제목'을 클릭하여 선택한다.

→ 마우스 오른쪽 클릭하여 [제목 편집]을 클릭한다.

③ [차트 글자 모양] 대화상자가 나타나면 [글자 내용]에 「(단위 : 개)」를 입력하고, 글꼴 '돋움', '10pt'를 설정한다.

기적의 TIP

괄호, 콜론 등의 특수문자는 영어 글꼴로 인식하는 것에 유의한다.

④ 다시 '축 제목'에서 마우스 오른쪽 클릭하여 [축 제목 속성]을 클릭한다.

⑤ [개체 속성] 작업 창이 열리면 [크기 및 속성](▢)에서 [글상자] – [글자 방향]을 '가로'로 설정하고 작업 창을 닫는다.

① 차트의 값 축을 클릭하여 선택한다.
　→ 마우스 오른쪽 클릭한 후 [글자 모양 편집]을 클릭한다.

② [차트 글자 모양] 대화상자가 나타나면 글꼴 '돋움', 크기 '10pt'를 설정한다.

③ 같은 방법으로 항목 축과 범례도 [글자 모양 편집]을 이용하여 '돋움', '10pt'를 설정한다.

① '범례'를 더블 클릭하거나 마우스 오른쪽 클릭하여 [범례 속성]을 클릭한다.

② [개체 속성] 작업 창이 열리면 [그리기 속성](✎)에서 [선]에 '어두운 색'을 지정하고 작업 창을 닫는다.

③ 조절점을 마우스 드래그하여 범례의 크기와 위치를 조절한다.

기능평가 Ⅱ의 문제 3번은 수식 편집기를 이용하여 수식을 작성해야 한다. 수식을 입력할 때는 커서의 위치를 잘 확인하며 진행하고, 자주 출제되는 기호와 연산자를 익혀두는 것이 중요하다.

출력형태	
(1) $\dfrac{V_2}{V_1} = \dfrac{0.90 \times 10^3}{1.0 \times 10^4} = 0.09$	(2) $\displaystyle\int_a^b A(x-a)(x-b)dx = -\dfrac{A}{6}(b-a)^3$

SECTION 01   수식 입력 (1)

① 입력한 문제 번호 3. 다음 줄에 「(1)」을 입력하고, [입력] 탭 – [수식]($\sqrt{x}$)을 선택한다.

② [분수]($\square$)를 클릭한 뒤 분자에 커서가 위치하면 「V」를 입력하고 [아래첨자](A_1)를 클릭한 후 「2」를 입력한다.

③ 분모에 커서를 위치시키고 같은 방법으로 「V₁」을 입력한다.

④ 입력한 분수 다음에 커서를 위치시키고 「=」를 입력한 뒤 [분수](몸)를 클릭한다.

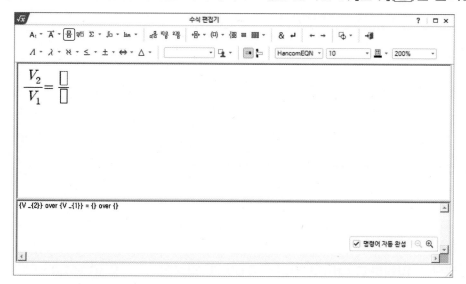

⑤ 분자에 「0.90」을 입력하고 [연산, 논리 기호](±)를 클릭하여 곱셈 기호(✕)를 삽입한다.

⑥ 이어서 「10」을 입력하고 [위첨자](A^1)를 클릭한 후 「3」을 입력한다.

⑦ 분자와 같은 방법으로 분모를 입력하고 나머지 부분 「=0.09」를 입력한 후 [넣기](⟶)를 클릭한다.

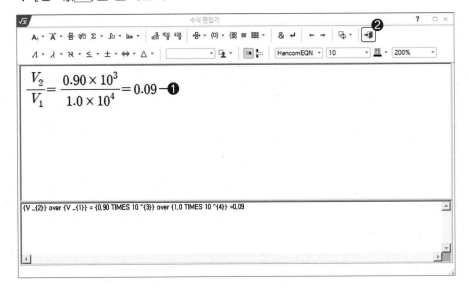

기적의 TIP

입력한 수식 수정
입력 완료한 수식을 더블 클릭하면 [수식 편집기] 창이 나타나며 수정할 수 있다

① 완성한 (1) 수식 옆에 `Space Bar`를 이용해 적당한 공백을 삽입한다.
  → 「(2)」를 입력하고 [입력] 탭 – [수식]($\sqrt{x}$)을 선택한다.

② [적분]($\int_□$)을 클릭하여 기호를 삽입하고 「a」, 「b」를 각 위치에 입력한다.

③ ≪출력형태≫를 참고하여 입력하고 [분수](묘)와 [위첨자](A¹)를 이용하여 완성한 다음 [넣기](→〗)를 클릭한다.

기능평가 II의 문제 4번은 그리기 도구를 이용하여 주어진 조건대로 작성해야 한다. 도형 및 글상자, 글맵시, 하이퍼링크 설정 등을 연습하여 대비하도록 한다.

조건	(1) 그리기 도구를 이용하여 작성하고, 모든 도형(글맵시, 지정된 그림 포함)을 ≪출력형태≫와 같이 작성하시오. (2) 도형의 면색은 지시사항이 없으면 색 없음을 제외하고 서로 다르게 임의로 지정하시오.
출력형태	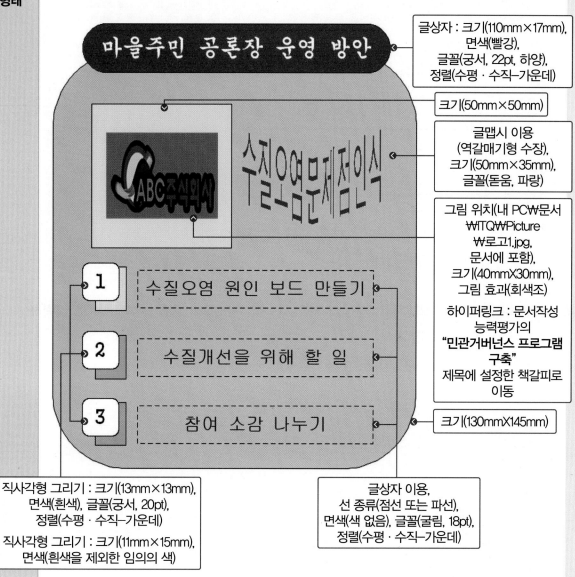

글상자 : 크기(110mm×17mm), 면색(빨강), 글꼴(궁서, 22pt, 하양), 정렬(수평ㆍ수직–가운데)

크기(50mm×50mm)

글맵시 이용
(역갈매기형 수장), 크기(50mm×35mm), 글꼴(돋움, 파랑)

그림 위치(내 PC₩문서 ₩ITQ₩Picture ₩로고1.jpg, 문서에 포함), 크기(40mmX30mm), 그림 효과(회색조)

하이퍼링크 : 문서작성 능력평가의 **"민관거버넌스 프로그램 구축"** 제목에 설정한 책갈피로 이동

크기(130mmX145mm)

직사각형 그리기 : 크기(13mm×13mm), 면색(흰색), 글꼴(궁서, 20pt), 정렬(수평ㆍ수직–가운데)
직사각형 그리기 : 크기(11mm×15mm), 면색(흰색을 제외한 임의의 색)

글상자 이용,
선 종류(점선 또는 파선), 면색(색 없음), 글꼴(굴림, 18pt), 정렬(수평ㆍ수직–가운데)

① 문제 번호 「4.」 다음 줄에 커서를 위치시킨다.

② [입력] 탭에서 [직사각형](▭)을 클릭하여 사각형을 임의의 크기로 그린다.
→ 사각형을 더블 클릭하거나 마우스 오른쪽 클릭하여 [개체 속성]을 클릭한다.

③ [개체 속성] 대화상자의 [기본] 탭 − [크기]에서 너비 「130mm」, 높이 「145mm」로 입력하고, '크기 고정'에 체크한다.

④ [선] 탭 – [사각형 모서리 곡률]에서 '둥근 모양'을 선택한다.
 → [채우기] 탭에서 면 색을 임의로 설정한다.

🅑 기적의 TIP

도형의 면 색 지정
면 색이 제시되지 않으면 다른 도형과 구별될 수 있는 임의의 색을 직접 지정한다.

⑤ 다시 [입력] 탭에서 [직사각형](□)을 클릭하여 사각형을 그린다.
 → [도형] 탭(🖎)에서 너비 「50mm」, 높이 「50mm」로 입력하고 '크기 고정'에 체크한다.
 → [도형 채우기]에서 면 색을 임의로 설정한다.

🅑 기적의 TIP

마우스 오른쪽 클릭하여 [개체 속성] 대화상자에서 설정하는 것과 같으므로 각자 편한 방법을 사용한다.

⑥ ≪출력형태≫를 참고하여 도형의 위치를 조절한다.

SECTION 02 제목 글상자

① [입력] 탭에서 [가로 글상자](▥)를 클릭하여 임의의 크기로 그린다.
　　→ [도형] 탭(▨)에서 너비 「110mm」, 높이 「17mm」로 입력하고 '크기 고정'에 체크한다.
　　→ [도형 채우기]에서 면 색을 '빨강'으로 설정한다.

② 마우스 오른쪽 클릭하여 [개체 속성]을 클릭한다.

→ [선] 탭 – [사각형 모서리 곡률]에서 '반원'을 설정한다.

③ 글상자에 「마을주민 공론장 운영 방안」을 입력한다.

→ 글꼴 '궁서', '22pt', 글자색 '하양', [가운데 정렬](≡)을 설정한다.

④ 《출력형태》를 참고하여 도형의 위치를 조절한다.

🅑 기적의 TIP

Shift + 클릭으로 도형을 여
러 개 선택하면 [도형] 탭-
[맞춤]에서 정확한 도형 간
배치를 설정할 수 있다.

SECTION 03 글맵시

① [입력] 탭 – [글맵시]([개나다])를 클릭한다.

② [글맵시 만들기] 대화상자의 [내용]에 「수질오염문제점인식」을 입력한다.

→ 글맵시 모양 '역갈매기형 수장'(▨), 글꼴 '돋움'을 설정한다.

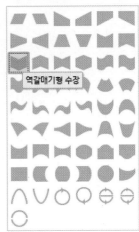

③ [글맵시] 탭()에서 [글맵시 채우기]를 클릭하여 '파랑'으로 설정한다.
　→ 너비 「50mm」, 높이 「35mm」로 입력하고 '크기 고정'에 체크한다.

④ 입력한 글맵시에 마우스 오른쪽 클릭하여 [배치] – [글 앞으로]()를 선택한다.
　→ ≪출력형태≫를 참고하여 글맵시의 위치를 조절한다.

① [입력] 탭 – [그림](▣)을 클릭한다.

② '내 PC₩문서₩ITQ₩Picture' 폴더에서 '로고1.jpg'를 선택한 뒤 '문서에 포함'에 체크하고 [열기]를 클릭한다.

　　→ 마우스로 여백에 드래그하면 그림이 삽입된다.

③ 삽입된 그림에 마우스 오른쪽 클릭하여 [개체 속성]을 클릭한다.

　　→ [개체 속성] 대화상자의 [기본] 탭 – [크기]에서 너비 「40mm」, 높이 「30mm」로 입력한다.

　　→ '크기 고정'에 체크하고 [본문과의 배치]는 '글 앞으로'를 설정한다.

> **⚡ 기적의 TIP**
>
> **그림 삽입**
> • 그림 삽입 시 반드시 문제에서 제시한 파일명의 그림을 선택한다.
> • 본문과의 배치는 '글 앞으로'를 설정한다.

④ [그림] 탭(▣) – [색조 조정] – [회색조](▣)를 클릭한다.
  → 《출력형태》를 참고하여 그림의 위치를 조절한다.

SECTION 05 책갈피, 하이퍼링크

---

① 3페이지의 첫 줄에 「민관거버넌스 프로그램 구축」을 입력한다.
  → 커서를 맨 앞에 위치시키고 [입력] 탭 – [책갈피](▣)를 클릭한다.

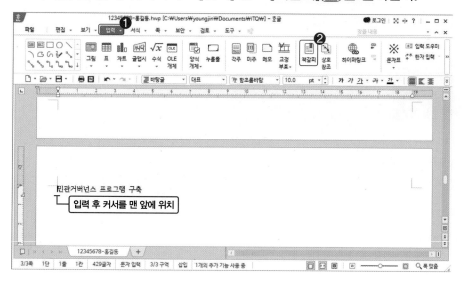

> 🅑 기적의 TIP
>
> 하이퍼링크를 지정하기 전에 책갈피가 먼저 설정되어 있어야 한다. 책갈피 설정 시 3페이지 작업의 제목부터 먼저 입력하고 진행하면 쉽다.

> 🅑 기적의 TIP
>
> 책갈피를 글자에 직접 지정하면 덧말 넣기를 할 때 책갈피가 해제될 수 있다.

② [책갈피] 대화상자에서 [책갈피 이름]에 「소하천」을 입력하고 [넣기]를 클릭한다.

③ 하이퍼링크를 설정할 그림을 클릭하고 [입력] 탭 – [하이퍼링크](🌐)를 클릭한다.

④ [하이퍼링크] 대화상자에서 [연결 대상] – [호글 문서]를 클릭한다.
→ '소하천'을 선택하고 [넣기]를 클릭한다.

⑤ 그림 선택을 해제한다. 다시 그림에 Ctrl 을 누른 상태로 마우스 포인터를 가져다 놓으면 포인터의 모양이 손 모양으로 바뀌는 것을 확인할 수 있다.

SECTION 06   도형 그리기

① [입력] 탭에서 [직사각형](□)을 클릭하여 임의의 크기로 그린다.

② [도형] 탭()에서 너비 「11mm」, 높이 「15mm」로 입력하고 '크기 고정'에 체크한다.
　→ [본문과의 배치]는 '글 앞으로'를 지정한다.
　→ [도형 채우기]에서 면 색을 임의로 설정한다.

③ 다시 [입력] 탭에서 [직사각형](□)을 클릭하여 임의의 크기로 그린다.

④ [도형] 탭()에서 너비 「13mm」, 높이 「13mm」로 입력하고 '크기 고정'에 체크한다.
　→ [본문과의 배치]는 '글 앞으로'를 지정한다.
　→ [도형 채우기]에서 면 색을 '하양'으로 설정한다.

⑤ 도형에 마우스 오른쪽 클릭하여 [개체 속성]을 클릭한다.

→ [선] 탭 – [사각형 모서리 곡률]에서 '둥근 모양'을 설정한다.

⑥ 도형이 선택된 상태에서 [도형] 탭 – [글자 넣기(가자)]를 클릭하고 「1」을 입력한다.

⑦ 입력한 글자를 블록 설정하고 글꼴 '궁서', '20pt', [가운데 정렬](三)을 설정한다.

⑧ [입력] 탭 – [가로 글상자](▤)를 클릭하고 ≪출력형태≫를 참고하여 적당한 크기의 글
   상자를 그린다.
   → [도형] 탭(▨) – [도형 윤곽선] – [선 종류] – [파선](━ ━ ━ ━)으로 설정한다.

⑨ 글상자에 내용을 입력하고 글꼴 '굴림', '18pt', [가운데 정렬](▤)을 설정한다.
   → [도형] 탭(▨) – [도형 채우기]에서 '없음'으로 설정한다.

① 작성된 도형들과 글상자를 Shift 를 누른 채 클릭하여 모두 선택한다.

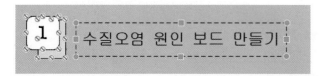

② Ctrl + Shift 를 누른 채 아래로 드래그하여 복사한다.

③ 복사된 개체의 색, 내용을 《출력형태》를 참고하여 수정한다.

문서작성 능력평가는 여러 기능을 사용하여 문서를 작성하는 문제이다. 머리말, 쪽 번호, 문단 첫 글자 장식, 문단 번호, 각주, 문자표 입력, 강조점 설정 등의 각 기능들을 확실히 알아두도록 한다.

글꼴 : 굴림, 18pt, 진하게, 가운데 정렬,
책갈피 이름 : 소하천 덧말 넣기

소하천 수질개선

첫 글자 장식 기능
글꼴 : 궁서, 면색 : 노랑

강원 산간지역
민관거버넌스 프로그램 구축

머리말 기능
돋움, 10pt, 오른쪽 정렬

강원 산간지역의 하천 수질은 점오염원보다는 농업비점오염 및 농촌비점오염원의 유입으로 인한 오염(汚染)이 매우 크다. 지형 경사가 큰 산간지역의 특성으로 인하여 우기 시 다량으로 유출되는 토사가 하천으로 유입되면서 수질을 오염시키고, 하류지역 농경지에 토사가 퇴적/매몰되어 부정적인 영향을 미치고 있다. 비점오염원의 특성상 배출범위가 광범위하여 수집을 통한 관리가 불가능한 것이 현실이다.

각주

정부에서는 비점오염원 배출 저감을 위한 다양한 방안을 강구하였으나 효과(效果)를 보지 못하였고, 이에 농업비점오염원 배출 저감을 위한 배출원에서부터 사전 예방적 차원의 관리가 중요하다는 것을 인지하게 되었으며, 이를 위해서는 주민과 농업인의 비점오염원 배출 저감 교육과 홍보가 필요하고 주민의 적극적 참여가 매우 중요하다는 것을 강조하게 되었다. 따라서 소하천 수질 관리를 위해서 농업농촌비점오염의 사전 예방적 관리에 주민과 농업인의 적극적 참여를 유도해야 한다. 또한 고령화되는 농촌지역의 특성을 감안한 역량강화 프로그램을 개발 및 운영하여 주민 스스로 지역 환경을 개선하고 지켜나갈 수 있도록 주민의 관심을 유도하는 것이 필요하다.

※ 주민참여 공론장의 목적 및 주요 내용

글꼴 : 궁서, 18pt, 하양
음영색 : 빨강

가. 주민참여 공론장의 목적
　　㉠ 강원산간 흙탕물 발생 및 수질오염에 대한 의견 공유
　　㉡ 소하천 수질개선을 위한 공동의 목표 수립
나. 주민참여 공론장의 주요 내용
　　㉠ 간담회를 통한 소하천 문제점 공유 및 개선안 논의
　　㉡ 수질오염 개선방안을 위한 공론장 운영

그림 위치(내 PC\문서\ITQ
\Picture\그림4.jpg,
문서에 포함)
자르기 기능 이용,
크기(40mm×40mm),
바깥 여백 왼쪽 : 2mm

※ *비점오염원 인식교육*

글꼴 : 궁서, 18pt, 기울임, 강조점

구분	교육주제	교육내용	장소
정화활동	수질개선 EM교육	도시의 평균대기질 농도 파악	거주민 인근하천
주민참여	인식개선 교육	미생물을 이용한 쌀뜨물 발효액 만들기	주민센터 교육장
주민실천	실생활 적용교육	토사유출 및 농업비점오염원 관리 필요성	평생교육기관
실천심화	역량강화 교육	비점오염원 저감 시설의 주민참여 관리 방안	평생교육기관
교육시기 운영계획		강원 산간 지역의 주민실천 사업은 농사시기를 고려할 것	

표 전체 글꼴 : 굴림, 10pt,
가운데 정렬,
셀 배경(그러데이션) : 유형(가로),
시작색(하양), 끝색(노랑)

원주지방환경청

글꼴 : 돋움, 24pt, 진하게
장평 105%, 오른쪽 정렬

문단 번호 기능 사용
1수준 : 20pt, 오른쪽 정렬,
2수준 : 30pt, 오른쪽 정렬
줄 간격 : 180%

각주 구분선 : 5cm

㉠ 불특정장소에서 불특정하게 수질오염물질을 배출하는 배출원

쪽 번호 매기기, 6으로 시작 ⑥

① 3페이지 첫 줄에 입력되어 있는 제목 「민관거버넌스 프로그램 구축」 아래에 본문의 내용을 오타에 주의하여 입력한다.

② [쪽] 탭 – [머리말](▤) – [위쪽] – [양쪽] – [모양 없음]을 선택한다.

③ 머리말 영역이 표시되면 「소하천 수질개선」을 입력한다.
　→ 텍스트를 블록 설정하여 글꼴 '돋움', '10pt', [오른쪽 정렬](▤)을 설정하고, [머리말/꼬리말] 탭 – [닫기](▥)를 클릭한다.

① 제목을 블록 설정하고 글꼴 '굴림', '18pt', '진하게', [가운데 정렬](③)을 지정한다.

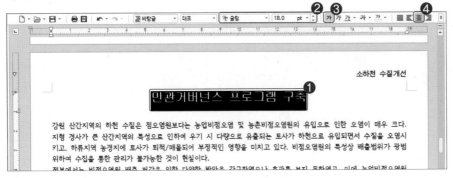

② [입력] 메뉴 – [덧말 넣기](⟨덧말 가나⟩)를 클릭한다.

③ [덧말 넣기] 대화상자의 [덧말]에 「강원 산간지역」을 입력하고 [덧말 위치]를 '위'로 설정한다.

🅑 기적의 TIP

덧말의 수정
덧말을 더블 클릭하거나 [편집] 메뉴-[고치기]를 클릭한다.

① 첫 번째 문단에 커서를 놓고 [서식] 탭 – [문단 첫 글자 장식](갈)을 선택한다.

② [문단 첫 글자 장식] 대화상자에서 [모양] '2줄', 글꼴 '궁서', 면 색 '노랑'을 설정한다.

해결 TIP

문단 첫 글자 장식을 지우고 싶어요!
문단에 커서를 놓고 [문단 첫 글자 장식] 대화상자를 열어 [모양]에서 '없음'을 설정한다.

① 한자로 변환할 단어 「오염」 뒤에 커서를 놓고 [입력] 탭 – [한자 입력]( )을 클릭하거나 [한자] 또는 [F9]를 누른다.

② [한자로 바꾸기] 대화상자의 한자 목록에서 변경할 한자를 선택한다.
→ 입력 형식을 '한글(漢字)'로 선택하고 [바꾸기]를 클릭한다.

③ 같은 방법으로 「효과(效果)」도 한자 변환한다.

SECTION 05 각주

① 각주를 표시할 단어 뒤에 커서를 놓고, [입력] 탭 – [각주](📑)를 선택한다.

② 각주 입력 화면이 나타나면 [주석] 탭 – [각주/미주 모양]( )을 클릭한다.

③ [주석 모양] 대화상자에서 번호 모양 'ㄱ, ㄴ, ㄷ'를 선택한다.

→ 구분선 넣기를 체크하고 길이 '5cm'로 설정한다.

④ 각주 내용을 입력하고, [주석] 탭 – [닫기]( )를 클릭한다.

🅱 기적의 TIP

각주의 글꼴
각주는 별도의 지시사항이
없는 경우 프로그램의 기본
값인 '함초롬바탕', '9pt'로
작성한다.

① 들여쓰기할 부분에서 [서식] 탭 – [문단 모양](☑)을 클릭한다.

② [기본] 탭에서 [첫 줄] 들여쓰기를 '10pt'로 설정한다.

① [입력 탭] – [그림](▣)을 클릭한다.

② '내 PC₩문서₩ITQ₩Picture' 폴더에서 '그림4.jpg'를 선택한 뒤, '문서에 포함'에 체크하고 [열기]를 클릭한다.

→ 마우스로 여백에 클릭하면 그림이 삽입된다.

③ 그림을 삽입하고 [그림] 탭(🎤) – [자르기](🔲)를 클릭한다.

→ 마우스로 조절점을 드래그하여 그림을 자른다.

🅱 기적의 TIP

[자르기](🔲) 대신 Shift 를 누른 상태에서 마우스로 조절점을 드래그해도 바로 그림을 자를 수 있다.

④ [그림] 탭()에서 너비「40mm」, 높이「40mm」로 입력한다.

→ '크기 고정'에 체크하고 [본문과의 배치]는 '어울림'을 설정한다.

⑤ 삽입된 그림에 마우스 오른쪽 클릭하여 [개체 속성]을 클릭한다.

→ [여백/캡션] 탭에서 [바깥 여백] 왼쪽 '2mm'를 설정한다.

⑥ ≪출력형태≫를 참고하여 그림의 위치를 조절한다.

① 문자표가 필요한 위치에 커서를 놓고 [입력] 탭 – [문자표](※)를 클릭한다.

B 기적의 TIP

문자표
단축키 Ctrl + F10

② [문자표] 대화상자에서 '※'를 선택하여 넣는다.

③ 문자표를 포함해서 제목에 블록 설정한다.

→ 글꼴 '궁서', '18pt'를 설정한다.

④ 문자표를 제외하고 제목에 블록 설정한다.

→ [서식] 탭 – [글자 모양](가)을 클릭한다.

→ 글자 색 '하양', 음영 색 '빨강'을 설정한다.

글자 모양
단축키 Alt + L

① 문단 번호를 지정할 부분을 블록 설정한다.

→ [서식] 탭 – [문단 번호]의 드롭다운 단추를 클릭하고 [문단 번호 모양]을 클릭한다.

② [글머리표 및 문단 번호] 대화상자의 [문단 번호 모양]에서 '1.'이 첫 줄에 있는 모양을 선택하고 [사용자 정의]를 클릭한다.

③ 1 수준의 번호 서식 「^1.」 모양 '가,나,다', 너비 조정 '20pt', 정렬 '오른쪽'을 선택한다.

→ 2 수준을 클릭하고 번호 서식 「^2」, 번호 모양 'ⓐ,ⓑ,ⓒ', 너비 조정 '30pt', 정렬 '오른쪽'을 설정한다.

🅑 기적의 TIP

번호 서식이 ^숫자. 이면 '가.', 'ⓐ.'처럼 번호 뒤에 '.' 이 표기됨에 유의한다.

④ [글머리표 및 문단 번호] 대화상자에서 [문단 번호 모양]이 '사용자 정의'로 선택되어 있는 것을 확인하고 [설정]을 클릭한다.

⑤ 2 수준이 적용될 부분을 블록 설정하고 [서식] 탭 – [한 수준 감소](📊) 를 클릭한다.

⑥ 나머지 2 수준이 적용될 부분을 블록 설정한다.

→ [서식] 탭 – [한 수준 감소](▥)를 클릭한다.

⑦ 문단 번호를 지정한 부분을 모두 블록 설정한다.

→ 줄 간격 '180%'를 설정한다.

① 앞서 작업한 중간 제목 1과 같이 [입력] 탭 – [문자표](※)에서 '※'를 선택하여 넣는다.

② 문자표를 포함해서 제목에 블록 설정하여 글꼴 '궁서', '18pt'를 설정한다.
   → 문자표를 제외하고 다시 블록 설정하여 [기울임](가)을 설정한다.

③ '비점오염원'을 블록 설정하고 [서식] 탭 – [글자 모양](가)을 클릭한다.
   → [확장] 탭에서 강조점 ' ⠿ '을 설정한다.

④ 같은 방법으로 '교육'을 블록 설정하여 강조점 ' ⠿ '을 설정한다.

① [입력] 탭 – 표()를 클릭한 뒤, [표 만들기] 대화상자에서 줄 개수 '6', 칸 개수 '4', 글자처럼 취급에 체크하고 [만들기]를 클릭한다.

② 표 앞에 커서를 놓고 [가운데 정렬](릘)을 설정한다.

③ 합칠 셀들을 블록 설정하여 [표 레이아웃] 탭 – [셀 합치기](릘)를 클릭하고 아래와 같은 형태로 만든다.

📒 기적의 TIP

셀 합치기
블록 설정 후 단축키 M

④ 표에 내용을 입력하고 셀 경계선 부분을 드래그하여 너비를 조절한다.

→ 표 전체를 블록 설정(F5 세 번)하고 글꼴 '굴림', '10pt', [가운데 정렬] (三)을 설정한다.

기적의 TIP

블록 설정된 상태에서 Ctrl 을 누른 채 ↑, ↓를 눌러 높이를 조절한다.

구분	교육주제	교육내용	장소
정화활동	수질개선 EM교육	도시의 평균대기질 농도 파악	거주민 인근하천
주민참여	인식개선 교육	미생물을 이용한 쌀뜨물 발효액 만들기	주민센터 교육장
주민실천	실생활 적용교육	토사유출 및 농업비점오염원 관리 필요성	평생교육기관
실천심화	역량강화 교육	비점오염원 저감 시설의 주민참여 관리 방안	평생교육기관
교육시기 운영계획		강원 산간 지역의 주민실천 사업은 농사시기를 고려할 것	

⑤ 표 전체가 블록 설정된 상태에서 마우스 오른쪽 클릭하여 [셀 테두리/배경] – [각 셀마다 적용]을 클릭한다.

→ '선 없음'을 '왼쪽 테두리', '오른쪽 테두리'에 적용한다.

기적의 TIP

셀 테두리/배경 대화상자
블록 설정 후 단축키 L

해결 TIP

테두리에 '선 없음'을 적용했는데 빨간색 점선이 보여요!
선 없음 기능으로 설정된 투명선은 편집할 때 빨간색 점선으로 보이는데, 이는 표 내부에 커서가 있을 때만 나타나는 것이므로 채점 시 감점 요인이 아니다.

⑥ 계속해서 '이중 실선'을 '위쪽 테두리', '아래쪽 테두리'에 설정한다.

⑦ 첫째 줄을 블록 설정하고 [L]을 눌러 [셀 테두리/배경] 대화상자에서 '이중 실선'을 '아래쪽 테두리'에 적용한다.

구분	교육주제	교육내용	장소
정화활동	수질개선 EM교육	도시의 평균대기질 농도 파악	거주민 인근하천
주민참여	인식개선 교육	미생물을 이용한 쌀뜨물 발효액 만들기	주민센터 교육장
주민실천	실생활 적용교육	토사유출 및 농업비점오염원 관리 필요성	평생교육기관
실천심화	역량강화 교육	비점오염원 저감 시설의 주민참여 관리 방안	평생교육기관
교육시기 운영계획		강원 산간 지역의 주민실천 사업은 농사시기를 고려할 것	

⑧ [셀 테두리/배경] 대화상자의 [배경] 탭에서 그러데이션을 클릭한다.
→ 시작 색 '하양', 끝 색 '노랑', 유형 '가로'로 설정한다.

① 「원주지방환경청」을 입력 후 블록 설정하여 [편집] 탭 – [글자 모양](가)을 클릭한다.

→ [기본] 탭에서 기준 크기 '24pt', 글꼴 '돋움', 장평 '105%', '진하게'를 설정한다.

② 입력한 텍스트에 [오른쪽 정렬](를)을 설정한다.

① [쪽] 탭 – [쪽 번호 매기기](.1.)를 클릭한다.

② [쪽 번호 매기기] 대화상자에서 번호 위치 '오른쪽 아래', 번호 모양 '①,②, ③', 줄표 넣기를 체크 해제, 시작 번호 '6'을 설정하여 [넣기]를 클릭한다.

기적의 TIP

쪽 번호의 글꼴, 크기는 채점 대상이 아니므로 기본값을 유지한다.

SECTION 14 파일 저장

① [파일] 탭 – [저장하기](■)를 클릭하여 완성된 문서를 저장한다.

② 저장 경로(내 PC₩문서₩ITQ)와 파일명(수험번호 – 성명)이 맞게 되어 있는지 확인한다.

자격증은
이기적

PART

03

최신 기출문제

정보기술자격(ITQ) 시험

과목	코드	문제유형	시험시간	수험번호	성명
아래한글	1111	A	60분		

※ 최신 기출문제 01~10회 학습 시 답안 작성요령을 동일하게 적용하세요.

수험자 유의사항

- 수험자는 문제지를 받는 즉시 문제지와 **수험표상의 시험과목(프로그램)이 동일한지 반드시 확인**하여야 합니다.
- 파일명은 본인의 "수험번호-성명"으로 입력하여 답안폴더(내 PC₩문서₩ITQ)에 하나의 파일로 저장해야 하며, 답안문서 파일명이 "수험번호-성명"과 일치하지 않거나, 답안파일을 전송하지 않아 미제출로 처리될 경우 실격 처리합니다(예:12345678-홍길동.hwp).
- 답안 작성을 마치면 파일을 저장하고, '답안 전송' 버튼을 선택하여 감독위원 PC로 답안을 전송하십시오. 수험생 정보와 저장한 파일명이 다를 경우 전송되지 않으므로 주의하시기 바랍니다.
- 답안 작성 중에도 **주기적으로 저장하고, '답안 전송'**하여야 문제 발생을 줄일 수 있습니다. 작업한 내용을 저장하지 않고 전송할 경우 이전에 저장된 내용이 전송되니 이점 유의하시기 바랍니다.
- 답안문서는 지정된 경로 외의 다른 보조기억장치에 저장하는 경우, 지정된 시험 시간 외에 작성된 파일을 활용할 경우, 기타 통신수단(이메일, 메신저, 네트워크 등)을 이용하여 타인에게 전달 또는 외부 반출하는 경우는 부정 처리합니다.
- 시험 중 부주의 또는 고의로 시스템을 파손한 경우는 수험자가 변상해야 하며, 〈수험자 유의사항〉에 기재된 방법대로 이행하지 않아 생기는 불이익은 수험생 당사자의 책임임을 알려 드립니다.
- 문제의 조건은 한컴오피스 2020 버전으로 설정되어 있으니 유의하시기 바랍니다.
- 시험을 완료한 수험자는 답안파일이 전송되었는지 확인한 후 감독위원의 지시에 따라 문제지를 제출하고 퇴실합니다.

답안 작성요령

- **온라인 답안 작성 절차**
  수험자 등록 ⇒ 시험 시작 ⇒ 답안파일 저장 ⇒ 답안 전송 ⇒ 시험 종료
- **공통 부문**
  - 글꼴에 대한 기본설정은 함초롬바탕, 10포인트, 검정, 줄간격 160%, 양쪽정렬로 합니다.
  - 색상은 조건의 색을 적용하고 색의 구분이 안 될 경우에는 RGB 값을 적용하십시오.
    (빨강 255,0,0 / 파랑 0,0,255 / 노랑 255,255,0).
  - 각 문항에 주어진 ≪조건≫에 따라 작성하고 언급하지 않은 조건은 ≪출력형태≫와 같이 작성합니다.
  - 용지여백은 왼쪽·오른쪽 11mm, 위쪽·아래쪽·머리말·꼬리말 10mm, 제본 0mm로 합니다.
  - 그림 삽입 문제의 경우 「내 PC₩문서₩ITQ₩Picture」 폴더에서 지정된 파일을 선택하여 삽입하십시오.
  - 삽입한 그림은 반드시 문서에 포함하여 저장해야 합니다(미포함 시 감점 처리).
  - 각 항목은 지정된 페이지에 출력형태와 같이 정확히 작성하시기 바라며, 그렇지 않을 경우에 해당 항목은 0점 처리됩니다.
    ※ 페이지구분 : 1페이지 – 기능평가 I (문제번호 표시 : 1. 2.),
      2페이지 – 기능평가 II (문제번호 표시 : 3. 4.),
      3페이지 – 문서작성 능력평가
- **기능평가**
  - 문제와 ≪조건≫은 입력하지 않으며 문제번호와 답(≪출력형태≫)만 작성합니다.
  - 4번 문제는 묶기를 했을 경우 0점 처리됩니다.
- **문서작성 능력평가**
  - A4 용지(210mm×297mm) 1매 크기, 세로 서식 문서로 작성합니다.
  - ☐ 표시는 문서작성에 대한 지시사항이므로 작성하지 않습니다.

▶ 합격강의

기능평가 ❶   **150**점

01 다음의 ≪조건≫에 따라 스타일 기능을 적용하여 ≪출력형태≫와 같이 작성하시오.   50점

조건	(1) 스타일 이름 – global (2) 문단 모양 – 왼쪽 여백 : 15pt, 문단 아래 간격 : 10pt (3) 글자 모양 – 글꼴 : 한글(굴림)/영문(돋움), 크기 : 10pt, 장평 : 95%, 자간 : −5%
출력형태	Since its establishment in 2008, it has been commissioned by the Korea Youth Activity Promotion Agency and has operated various international exchange programs to help teenagers grow into global leaders. 청소년들이 글로벌 리더로 성장하도록 다양한 국제교류 프로그램을 운영하고 있으며, 2008년 설치 이후 2013년부터 현재까지 한국청소년활동진흥원에서 위탁 운영하고 있다.

02 다음의 ≪조건≫에 따라 ≪출력형태≫와 같이 표와 차트를 작성하시오.   100점

표 조건	(1) 표 전체(표, 캡션) – 굴림, 10pt (2) 정렬 – 문자 : 가운데 정렬, 숫자 : 오른쪽 정렬 (3) 셀 배경(면색) : 노랑 (4) 한글의 계산 기능을 이용하여 빈칸에 평균(소수점 두 자리)을 구하고, 캡션 기능 사용할 것 (5) 선 모양은 ≪출력형태≫와 동일하게 처리할 것

출력형태

청소년국제교류 사업 효과성 변화(단위 : 점)

연도	2020년	2021년	2022년	2023년	평균
이해증진도	2.8	3.1	3.3	3.5	
시민의식	4.2	4.1	4.3	4.1	
가치관	3.6	4.2	4.7	4.1	
문화 개방성	3.5	4.1	4.4	4.9	✕

차트 조건	(1) 차트 데이터는 표 내용에서 연도별 이해증진도, 시민의식, 가치관의 값만 이용할 것 (2) 종류 – 〈묶은 세로 막대형〉으로 작업할 것 (3) 제목 – 돋움, 진하게, 12pt, 속성 – 채우기(하양), 테두리, 그림자(대각선 오른쪽 아래) (4) 제목 이외의 전체 글꼴 – 돋움, 보통, 10pt (5) 축제목과 범례는 ≪출력형태≫와 동일하게 처리할 것

출력형태

03   다음 (1), (2)의 수식을 수식 편집기로 각각 입력하시오.   40점

출력형태	
(1) $1 + \sqrt{3} = \dfrac{x^3 - (2x + 5)^2}{x^3 - (x - 2)}$	(2) $\Delta W = \dfrac{1}{2} m (f_x)^2 + \dfrac{1}{2} m (f_y)^2$

04   다음의 ≪조건≫에 따라 ≪출력형태≫와 같이 문서를 작성하시오.   110점

조건	(1) 그리기 도구를 이용하여 작성하고, 모든 도형(글맵시, 지정된 그림 포함)을 ≪출력형태≫와 같이 작성하시오. (2) 도형의 면색은 지시사항이 없으면 색 없음을 제외하고 서로 다르게 임의로 지정하시오.

출력형태

글상자 : 크기(115mm×17mm), 면색(파랑), 글꼴(돋움, 22pt, 하양), 정렬(수평·수직-가운데)

그림위치(내 PC₩문서₩ITQ₩Picture₩로고3.jpg, 문서에 포함), 크기(40mm×30mm), 그림 효과(회색조)

하이퍼링크 : 문서작성 능력평가의 **"다양한 국가와 청소년 교류사업"** 제목에 설정한 책갈피로 이동

크기(115mm×50mm)

글맵시 이용(육각형), 크기(50mm×35mm), 글꼴(굴림, 빨강)

직사각형 그리기 : 크기(13mm×13mm), 면색(하양), 글꼴(돋움, 20pt), 정렬(수평·수직-가운데)

직사각형 그리기 : 크기(10mm×17mm), 면색(하양을 제외한 임의의 색)

글상자 이용, 선 종류(점선 또는 파선), 면색(색 없음), 글꼴(궁서, 18pt), 정렬(수평·수직-가운데)

크기(130mm×145mm)

건강하고 행복한 청소년활동

가치창출

1   깨끗한 미래를 위한 활동

2   공존하고 협력하는 활동

3   사람 중심의 책임감 있는 조직

글꼴 : 궁서, 18pt, 진하게, 가운데 정렬
책갈피 이름 : 국제의식　　덧말 넣기

청소년 국제교류

문단 첫 글자 장식 기능
글꼴 : 돋움, 면색 : 노랑

글로벌 리더십
다양한 국가와 청소년 교류사업

머리말 기능
굴림, 10pt, 오른쪽 정렬

우리 사회가 점점 세계화 되어감에 따라 서로 다른 문화(文化) 배경을 지닌 사람들에 대하여 서로의 문화를 존중하고 공감할 줄 아는 능력이 점차 중요한 사회적 역량으로 대두되고 있다. 특히 청소년(靑少年)들은 우리 사회의 미래를 이끌어 나갈 것이므로 우리의 청소년들이 국제교류 활동을 통하여 국제 감각을 갖춘 글로벌 인재로 성장할 수 있는 환경을 조성하는 일은 더더욱 중요한 과제이다. 청소년의 국제 감각 함양 및 글로벌 역량 강화에 대한 중요성은 일찍이 인식되었다.

　외교부의 국제교류사업은 매우 방대하며 특정 나이, 대상은 없다. 주로 한국국제협력단⑦을 중심으로 이루어지고 있으며 지역이나 주제, 프로그램의 유형별로 기획이 되는데, 그중 청소년과 직접적으로 관련 있는 사업으로는 글로벌 인재 양성 사업이라고 볼 수 있다. 그간 활발히 추진되어 온 청소년 국제교류사업이 최근 들어 나타난 코로나 사태로 인하여 기존의 청소년 국제교류 활동을 위축시키는 결과를 낳았고, 기존의 방식과 같은 교류국 방문 형태의 교류가 사실상 어렵게 됨에 따라, 이에 대한 대응의 차원에서도 새로운 국제교류 운영방안이 필요한 실정이다.

각주

그림위치(내 PC₩문서₩ITQ
₩Picture₩그림4.jpg,
문서에 포함)
자르기 기능 이용,
크기(35mm×45mm),
바깥 여백 왼쪽 : 2mm

♣ 청소년 교류센터의 역할

글꼴 : 굴림, 18pt, 하양
음영색 : 빨강

　A. 사업추진 방향
　　ⓐ 청소년의 국제이해 증진 및 세계시민으로서 역량 강화
　　ⓑ 국내외 청소년의 교류 다양화를 통한 상호이해와 신뢰 증진 등
　B. 주요 기능
　　ⓐ 국제활동 중장기 계획 수립 및 연구
　　ⓑ 국내외 청소년 교류활동 운영 및 협력에 관한 사항 등

♣ *청소년 국제교류사업 개요*

글꼴 : 굴림, 18pt, 기울임, 강조점

사업명	대상	규모	근거
국가 간 청소년교류	만 16세 - 만 24세	초청 150명, 파견 150명	청소년활동 진흥법 제54조 (국제 청소년교류 활동의 지원)
국제회의 및 행사 파견		33명 내외	
해외자원 봉사단	만 15세 - 만 20세	약 140명	
국제 청소년 포럼	만 18세 - 만 24세	10여 개국 200명	
국제 청소년 캠페스트	초중고 청소년 및 지도자	20여 개국 5,000명	

문단 번호 기능 사용
1수준 : 20pt,
오른쪽 정렬,
2수준 : 30pt,
오른쪽 정렬
줄 간격 : 180%

표 전체 글꼴 : 돋움, 10pt, 가운데 정렬
셀 배경(그러데이션) : 유형(가로),
시작색(하양), 끝색(노랑)

청소년 교류센터

글꼴 : 궁서, 24pt, 진하게
장평 105%, 오른쪽 정렬

⑦ KOICA : 대한민국의 국제개발 사업을 주관하는 외교부 산하 위탁집행형 준정부기관

각주 구분선 : 5cm

쪽 번호 매기기
5로 시작 ⑤

수험번호 20251002　　정답파일 PART 03 최신 기출문제\최신02회_정답.hwp

▶합격강의

기능평가 ❶　　　　　　　　　　　　　　　　　　　　　150점

01 다음의 ≪조건≫에 따라 스타일 기능을 적용하여 ≪출력형태≫와 같이 작성하시오.　　50점

조건	(1) 스타일 이름 – pumba (2) 문단 모양 – 왼쪽 여백 : 15pt, 문단 아래 간격 : 10pt (3) 글자 모양 – 글꼴 : 한글(굴림)/영문(돋움), 크기 : 10pt, 장평 : 95%, 자간 : –5%
출력형태	The Eumseong Pumba Festival is a festival that combines the benevolence of Pumba and grandfather Choi Gwi-dong, which are hardened like the pronouns of traditional a traveling marketeer. 거지 성자로 불리는 최귀동 할아버지의 숭고한 삶에서 비롯된 음성 지역의 품바축제는 삭막한 현대인들의 가슴에 따뜻한 나눔의 의미를 깊이 새기고 있다.

02 다음의 ≪조건≫에 따라 ≪출력형태≫와 같이 표와 차트를 작성하시오.　　100점

표 조건	(1) 표 전체(표, 캡션) – 굴림, 10pt (2) 정렬 – 문자 : 가운데 정렬, 숫자 : 오른쪽 정렬　　　(3) 셀 배경(면색) : 노랑 (4) 한글의 계산 기능을 이용하여 빈칸에 평균(소수점 두 자리)을 구하고, 캡션 기능 사용할 것 (5) 선 모양은 ≪출력형태≫와 동일하게 처리할 것

출력형태

품바축제 관람객 현황(단위 : 천 명)

구분	2020년	2021년	2022년	2023년	평균
품바래퍼	437	378	349	416	
품바패션	325	397	118	597	
품바왕	321	253	406	463	
천인의 엿치기	264	328	384	451	

차트 조건	(1) 차트 데이터는 표 내용에서 연도별 품바래퍼, 품바패션, 품바왕의 값만 이용할 것 (2) 종류 – 〈묶은 세로 막대형〉으로 작업할 것 (3) 제목 – 돋움, 진하게, 12pt, 속성 – 채우기(하양), 테두리, 그림자(대각선 오른쪽 아래) (4) 제목 이외의 전체 글꼴 – 돋움, 보통, 10pt (5) 축제목과 범례는 ≪출력형태≫와 동일하게 처리할 것

출력형태

03 다음 (1), (2)의 수식을 수식 편집기로 각각 입력하시오. 40점

출력형태	(1) $A(1+r)^n = \dfrac{a((1+r)^n - 1)}{r}$ (2) $F = \dfrac{4\pi^2}{T^2} - 1 = 4\pi^2 K \dfrac{m}{r^2}$

04 다음의 ≪조건≫에 따라 ≪출력형태≫와 같이 문서를 작성하시오. 110점

조건	(1) 그리기 도구를 이용하여 작성하고, 모든 도형(글맵시, 지정된 그림 포함)을 ≪출력형태≫와 같이 작성하시오.
	(2) 도형의 면색은 지시사항이 없으면 색 없음을 제외하고 서로 다르게 임의로 지정하시오.

출력형태

글상자 : 크기(80mm×17mm), 면색(파랑), 글꼴(돋움, 22pt, 하양), 정렬(수평 · 수직–가운데)

크기(120mm×50mm)

그림위치(내 PC₩문서₩ITQ₩Picture₩로고3.jpg, 문서에 포함), 크기(40mm×30mm), 그림 효과(회색조)

하이퍼링크 : 문서작성 능력평가의 **"젊음과 함께 만나 즐기는 품바축제"** 제목에 설정한 책갈피로 이동

글맵시 이용(육각형), 크기(50mm×35mm), 글꼴(굴림, 빨강)

직사각형 그리기 : 크기(13mm×13mm), 면색(하양), 글꼴(돋움, 20pt), 정렬(수평 · 수직–가운데)

직사각형 그리기 : 크기(17mm×7mm), 면색(하양을 제외한 임의의 색)

글상자 이용, 선 종류(점선 또는 파선), 면색(색 없음), 글꼴(궁서, 18pt), 정렬(수평 · 수직–가운데)

크기(130mm×145mm)

글꼴 : 궁서, 18pt, 진하게, 가운데 정렬
책갈피 이름 : 품바　덧말 넣기

문단 첫 글자 장식 기능
글꼴 : 돋움, 면색 : 노랑

풍자와 해학

머리말 기능
굴림, 10pt, 오른쪽 정렬

사랑과 나눔
젊음과 함께 만나 즐기는 품바축제

품 바축제의 근간은 거지 성자로 불리는 최귀동 할아버지의 숭고한 삶에서 비롯되었다. 일제 강점기 때 심한 고문으로 장애를 얻은 그는 자신도 오갈 데 없는 처지임에도 불구하고 금왕읍 무극리 일대를 돌며 동냥으로 얻어 온 음식을 거동조차 힘든 다른 걸인들에게 나누어 주었다고 한다.

각주

품바라는 낱말이 처음 등장한 역사적 문헌(文獻)은 신재효⑦의 한국 판소리 전집에 수록된 변강쇠가인데, 여기에서는 타령의 장단을 맞추는 소리라 하여 입장고로 기술되어 있다. 품바에 대한 설은 이외에도 다양한 형태로 전해지고 있다. 각설이 타령의 후렴구에 사용되는 일종의 장단 구실을 하는 의성어로 풀이되기도 하였으나 현재는 걸인들의 대명사로 일반화되었다. 품바를 현대적으로 해석하자면 '사랑을 베푼 자만이 희망을 가질 수 있다'라는 의미를 함축하고 있다. 이러한 뜻에 걸맞게 2000년부터 음성예총에서는 새 천년을 맞아 최귀동 할아버지의 숭고한 뜻을 본받고자 품바축제를 개최하게 되었다. 물질만능주의와 이기주의로 풍요 속 빈곤(貧困)을 겪고 있는 현대인들의 삶에 해학과 풍자를 통한 따뜻한 사랑의 나눔 정신을 심어 주고자 품바축제가 탄생하게 된 것이다.

그림위치(내 PC\문서\ITQ\Picture\그림4.jpg, 문서에 포함) 자르기 기능 이용, 크기(35mm×40mm), 바깥 여백 왼쪽 : 2mm

◆ 2024 음성품바축제

글꼴 : 굴림, 18pt, 하양
음영색 : 빨강

가) 기간 및 장소
　1. 기간 : 2024. 5. 22(수) - 5. 26(일) 5일간
　2. 장소 : 음성 설성공원 및 꽃동네 일원
나) 공연 프로그램
　1. 품바 플래시몹, 전국 품바 길놀이 퍼레이드
　2. 관광객과 함께하는 품바라이브 공연, 품바 뮤지컬

◆ *품바공연단 및 공연 일정*

글꼴 : 굴림, 18pt, 기울임, 강조점

공연단명	단원	참여공연 축제명	장소
깐돌이공연단	깐돌이, 칠봉이, 꽃나비	토속음식축제	강원도
금빛예술단	순심이, 하늘이, 허야	정선 아리랑 축제	강원도
꾼품바공연단	청이, 금왕수, 방글이	무안 해넘이맞이공연	전라남도
뉴스토리공연단	나출세, 팔순이, 월매, 이기둥	장성 황룡강노란꽃잔치	전라남도
산적품바	산적, 최민, 고구마, 혜미	양산 삼량 및 문화축전	경상남도

문단 번호 기능 사용
1수준 : 20pt, 오른쪽 정렬,
2수준 : 30pt, 오른쪽 정렬
줄 간격 : 180%

표 전체 글꼴 : 돋움, 10pt, 가운데 정렬
셀 배경(그러데이션) : 유형(가로),
시작색(하양), 끝색(노랑)

품바축제위원회

글꼴 : 궁서, 24pt, 진하게
장평 105%, 오른쪽 정렬

⑦ 조선 고종 때의 판소리 작가로 광대 소리를 통일하여 판소리 사설을 정리한 인물

각주 구분선 : 5cm

쪽 번호 매기기, 4로 시작　→ iv

최신 기출문제 03회

▶합격 강의

기능평가 ❶ 150점

01 다음의 ≪조건≫에 따라 스타일 기능을 적용하여 ≪출력형태≫와 같이 작성하시오. 50점

조건	(1) 스타일 이름 – metaverse (2) 문단 모양 – 왼쪽 여백 : 15pt, 문단 아래 간격 : 10pt (3) 글자 모양 – 글꼴 : 한글(돋움)/영문(굴림), 크기 : 10pt, 장평 : 95%, 자간 : 5%
출력형태	In order to revitalize and continue to grow various industrial ecosystems, it is necessary to establish leading governance and establish and operate a metaverse partnership organization that can lead. 다양한 산업 생태계의 활성화와 지속적인 성장을 위해서는 선도적 거버넌스의 정립이 필요하며 견인할 수 있는 메타버스 파트너십 기구를 설치하고 운영할 필요가 있다.

02 다음의 ≪조건≫에 따라 ≪출력형태≫와 같이 표와 차트를 작성하시오. 100점

표 조건	(1) 표 전체(표, 캡션) – 돋움, 10pt (2) 정렬 – 문자 : 가운데 정렬, 숫자 : 오른쪽 정렬　　　(3) 셀 배경(면색) : 노랑 (4) 한글의 계산 기능을 이용하여 빈칸에 합계를 구하고, 캡션 기능 사용할 것 (5) 선 모양은 ≪출력형태≫와 동일하게 처리할 것

출력형태

글로벌 메타버스 시장 전망(단위 : 10억 달러)

구분	2022	2023	2024	2025	합계
가상현실(VR)	13.4	27.8	79.4	138.3	
증강현실(AR)	33.0	67.9	193.8	338.1	
VR+AR	46.5	95.7	273.2	476.4	
기타	7.5	9.2	21.4	85.3	

차트 조건	(1) 차트 데이터는 표 내용에서 연도별 가상현실(VR), 증강현실(AR), VR+AR의 값만 이용할 것 (2) 종류 – 〈묶은 세로 막대형〉으로 작업할 것 (3) 제목 – 굴림, 진하게, 12pt, 속성 – 채우기(하양), 테두리, 그림자(대각선 오른쪽 아래) (4) 제목 이외의 전체 글꼴 – 굴림, 보통, 10pt (5) 축제목과 범례는 ≪출력형태≫와 동일하게 처리할 것

출력형태

03 다음 (1), (2)의 수식을 수식 편집기로 각각 입력하시오.   40점

출력형태	(1) $K = \dfrac{a(1+r)((1+r)^n - 1)}{r}$ (2) $\displaystyle\int_a^b xf(x)dx = \frac{1}{b-a}\int_a^b xdx = \frac{a+b}{2}$

04 다음의 ≪조건≫에 따라 ≪출력형태≫와 같이 문서를 작성하시오.   110점

조건	(1) 그리기 도구를 이용하여 작성하고, 모든 도형(글맵시, 지정된 그림 포함)을 ≪출력형태≫와 같이 작성하시오. (2) 도형의 면색은 지시사항이 없으면 색 없음을 제외하고 서로 다르게 임의로 지정하시오.

출력형태

글상자 : 크기(115mm×17mm), 면색(파랑), 글꼴(궁서, 22pt, 하양), 정렬(수평 · 수직-가운데)

그림위치(내 PC₩문서₩ITQ₩Picture₩로고2.jpg, 문서에 포함), 크기(40mm×30mm), 그림 효과(회색조)

하이퍼링크 : 문서작성 능력평가의 **"메타버스 산업활성화 정책 방안"** 제목에 설정한 책갈피로 이동

크기(110mm×50mm)

글맵시 이용(육각형), 크기(50mm×35mm), 글꼴(돋움, 빨강)

직사각형 그리기 : 크기(10mm×13mm), 면색(하양), 글꼴(굴림, 20pt), 정렬(수평 · 수직-가운데)

직사각형 그리기 : 크기(11mm×15mm), 면색(하양을 제외한 임의의 색)

글상자 이용, 선 종류(점선 또는 파선), 면색(색 없음), 글꼴(돋움, 18pt), 정렬(수평 · 수직-가운데)

크기(130mm×145mm)

글꼴 : 궁서, 18pt, 진하게, 가운데 정렬
책갈피 이름 : 메타버스   덧말 넣기

메타버스 산업육성

문단 첫 글자 장식 기능
글꼴 : 굴림, 면색 : 노랑

서울연구원
메타버스 산업활성화 정책 방안

머리말 기능
돋움, 10pt, 오른쪽 정렬

메 타버스 산업활성화를 견인(牽引)하는 정책 거버넌스 확립을 위해 다원화된 주체가 참여하고 다양한 부문의 기업이 연계(連繫)하는 메타버스와 같은 산업에서는 산업발전을 선도하는 거버넌스가 긴요하다. 다양한 가치와 이해관계를 지닌 다수의 주체가 메타버스 세계에 참여해 콘텐츠 및 서비스 생산과 활용, 소비와 거래에 관여한다. 민관협력체계를

각주

구축하여 메타버스 산업 활성화에 기여하고자 정부 주도의 메타버스 관련 거버넌스 기구로 '메타버스 얼라이언스'가 설치되어 운영 중이다.

메타버스 얼라이언스는 운영위원회와 분과 및 프로젝트 그룹 운영 등을 통해 기업의 의견수렴과 신규과제 발굴, 협력활동을 지원하는 등의 역할을 수행한다. 메타버스 산업의 중심성 및 선도성을 지닌 서울시도 산업발전을 견인할 수 있는 자체적인 정책 거버넌스 확립이 필요하다. 다양한 정책 방안을 추진하기 위해서는 메타버스 산업육성 및 활성화를 뒷받침하는 조례의 마련, 메타버스 이용 활성화를 위한 제도적 환경의 재정비이다. 메타버스 이용을 제약할 수 있는 불합리한 요소를 최소화하고 이용을 촉진할 수 있는 적극적 환경을 조성하기 위한 관련 조례 제정, 법률 및 제도 정비, 공용플랫폼의 건전한 이용 환경 조성이 있다.

◆ 서울시 메타버스 산업 전략적 방안

글꼴 : 굴림, 18pt, 하양
음영색 : 빨강

가. 산업생태계 육성 및 기업 경쟁력 강화
　㉠ 생태계에 속한 부문이나 업종의 균형적 성장
　㉡ 기업들의 경쟁력 강화 지원
나. 메타버스 우수 인적자원 개발 지원
　㉠ 메타버스 크리에이터 양성과정 설치 운영
　㉡ 교육 훈련 과정을 이수한 인적자원 DB 구축

그림위치(내 PC₩문서₩ITQ
₩Picture₩그림4.jpg, 문서에 포함)
자르기 기능 이용,
크기(40mm×40mm),
바깥 여백 왼쪽 : 2mm

◆ *조사분석에 활용한 자료원*

글꼴 : 굴림, 18pt, 기울임, 강조점

자료원	보유기관	자료원의 설명	기업 수
메타버스	얼라이언스	2021년 5월에 출범, 프로젝트 단위로 기업과 유관기관 참여 중	654개
	산업협회	가상현실산업협회와 모바일산업협회 공동 출범으로 회원사 모집	약 80개
	허브 입주기업	콘텐츠, 플랫폼, 디바이스 솔루션 기업 인큐베이팅 공간 입주	46개
스타트업	혁신의 숲	'메타버스/AR/VR' 관련 사업 등록된 스타트업 데이터베이스 활용	148개
서울경제진흥원		유관기관 협력을 통해 서울XR실증센터 운영	39개

문단 번호 기능 사용
1수준 : 20pt, 오른쪽 정렬,
2수준 : 30pt, 오른쪽 정렬
줄 간격 : 180%

표 전체 글꼴 : 돋움, 10pt, 가운데 정렬
셀 배경(그러데이션) : 유형(가로),
시작색(하양), 끝색(노랑)

경제연구실

글꼴 : 궁서, 24pt, 진하게
장평 105%, 오른쪽 정렬

㉠ 정부 주도 민관협력체계 구축, 메타버스 산업 활성화 기여하고자 출범한 기구

각주 구분선 : 5cm

쪽 번호 매기기
6으로 시작   ⑥

최신 기출문제 04회

수험번호 20251004   정답파일 PART 03 최신 기출문제₩최신04회_정답.hwp

합격 강의

기능평가 ❶   **150**점

01 다음의 ≪조건≫에 따라 스타일 기능을 적용하여 ≪출력형태≫와 같이 작성하시오.   50점

조건	(1) 스타일 이름 – credit (2) 문단 모양 – 왼쪽 여백 : 15pt, 문단 아래 간격 : 10pt (3) 글자 모양 – 글꼴 : 한글(돋움)/영문(굴림), 크기 : 10pt, 장평 : 95%, 자간 : 5%
출력형태	A high school credit system is a system in which students select courses, attend classes, and complete the necessary credits for graduation. 고교학점제란 대학처럼 학생들이 적성과 희망 진로에 따라 교과를 선택하고 강의실을 다니며 수업을 듣고 졸업에 필요한 학점을 이수하는 제도를 말한다.

02 다음의 ≪조건≫에 따라 ≪출력형태≫와 같이 표와 차트를 작성하시오.   100점

표 조건	(1) 표 전체(표, 캡션) – 돋움, 10pt (2) 정렬 – 문자 : 가운데 정렬, 숫자 : 오른쪽 정렬 (3) 셀 배경(면색) : 노랑 (4) 한글의 계산 기능을 이용하여 빈칸에 평균(소수점 두 자리)을 구하고, 캡션 기능 사용할 것 (5) 선 모양은 ≪출력형태≫와 동일하게 처리할 것

출력형태

제도 개선 사항 설문 응답(단위 : 명)

구분	교원연수	제도홍보	조직개편	업무경감	평균
학생	21,634	8,566	7,572	8,334	
학부모	1,589	1,587	1,127	2,942	
교사	2,967	2,235	2,181	4,825	
교수	694	829	967	894	

차트 조건	(1) 차트 데이터는 표 내용에서 구분별 학생, 학부모, 교사의 값만 이용할 것 (2) 종류 – 〈묶은 세로 막대형〉으로 작업할 것 (3) 제목 – 굴림, 진하게, 12pt, 속성 – 채우기(하양), 테두리, 그림자(대각선 오른쪽 아래) (4) 제목 이외의 전체 글꼴 – 굴림, 보통, 10pt (5) 축제목과 범례는 ≪출력형태≫와 동일하게 처리할 것

출력형태

03 다음 (1), (2)의 수식을 수식 편집기로 각각 입력하시오.

40점

출력형태	$(1)\ H_n = \dfrac{a(r^n-1)}{r-1} = \dfrac{a(1+r^n)}{1-r}(r \neq 1)$ $\qquad (2)\ \displaystyle\sum_{k=1}^{n}(k^4+1) - \sum_{k=3}^{n}(k^4+1) = 19$

04 다음의 ≪조건≫에 따라 ≪출력형태≫와 같이 문서를 작성하시오.

110점

조건	(1) 그리기 도구를 이용하여 작성하고, 모든 도형(글맵시, 지정된 그림 포함)을 ≪출력형태≫와 같이 작성하시오. (2) 도형의 면색은 지시사항이 없으면 색 없음을 제외하고 서로 다르게 임의로 지정하시오.

출력형태

글상자 : 크기(80mm× 17mm), 면색(파랑), 글꼴(궁서, 22pt, 하양), 정렬(수평 · 수직–가운데)

그림위치(내 PC\문 서\ITQ\Picture\로고 2.jpg, 문서에 포함), 크기(40mm×30mm), 그림 효과(회색조)

하이퍼링크 : 문서작성 능력평가의 **"고교학점제 역량 강화 워 크숍"** 제목에 설정한 책갈 피로 이동

크기(120mm×50mm)

글맵시 이용(육각형), 크기(50mm×35mm), 글꼴(돋움, 빨강)

직사각형 그리기 : 크기(10mm×13mm), 면색(하양), 글꼴(굴림, 20pt), 정렬(수평 · 수직–가운데)

직사각형 그리기 : 크기(7mm×15mm), 면색(하양을 제외한 임의의 색)

글상자 이용, 선 종류(점선 또는 파선), 면색(색 없음), 글꼴(돋움, 18pt), 정렬(수평 · 수직–가운데)

크기(130mm×145mm)

글꼴 : 굴림, 18pt, 진하게, 가운데 정렬
책갈피 이름 : 학점　　덧말 넣기

미래를 여는 선택

문단 첫 글자 장식 기능
글꼴 : 궁서, 면색 : 노랑

학교가 나에게 맞추다

머리말 기능
돋움, 10pt, 오른쪽 정렬

고교학점제 역량 강화 워크숍

각주

고교학점제는 학교 교육과정의 유연성(柔軟性) 확보를 통해 학생들의 진로 역량을 강화함과 동시에 교원들에게 다양한 교육과정 운영 및 수업 역량⊙ 강화를 요구하고 있는 정책이다. 하지만 이를 지원하는 정책 및 법제 장치가 미흡하여 학점제 도입에 대한 기대감과 함께 현장 교사, 학부모, 학생 등 교육 관계자의 불안감이 커지고 있는 상황이다. 이에 교육부, 국가교육회의, 한국직업능력개발원에서는 고교학점제 교사 역량 강화 워크숍을 통해 현장 교사의 역량 개발을 지원하고 현재 고교학점제 정책에 대한 문제점과 요구사항 파악을 통해 정책 개선 방안을 도출(導出)하고자 준비하고 있다.

특히, 정부는 고교학점제 정책을 시행함에 있어 학생의 올바른 과목 선택을 가능하게 하는 것은 학생들의 진로 설정 역량과 '선택에 따른 책임' 인식이라는 사실을 바탕으로 워크숍을 기획하고 있다. 한편, 교육부는 고교학점제 도입을 위한 중장기 로드맵을 설정하고 2020년 마이스터고 전면 도입 이후 2022년 모든 직업계고등학교에 도입하고 2025년에는 종합고등학교를 포함한 일반계고등학교에 도입을 계획하고 있으며 학부모 진로지도 역량 강화를 위하여 '온라인 학부모 진로교육' 연수 과정과 '자녀공감 학부모교육' 대면연수 과정을 운영한다.

글꼴 : 굴림, 18pt, 하양
음영색 : 빨강

그림위치(내 PC\문서\ITQ\Picture\그림4.jpg, 문서에 포함)
자르기 기능 이용, 크기(40mm×35mm), 바깥 여백 왼쪽 : 2mm

◆ 고교학점제 교사 연수 개요

I. 주제 및 기간

　A. 주제 : 고교학점제의 이해, 선택과 책임

　B. 기간 : 2024. 3. 15(금) 10:00-16:50

II. 주최 및 장소

　A. 주최 : 교육부, 국가교육회의, 한국직업능력개발원

　B. 장소 : 세종 컨벤션홀

◆ *고교학점제 교사 연수 주제*

글꼴 : 굴림, 18pt, 기울임, 강조점

시간	주제	강사	비고
10:00-10:50	학점제 정책 추진 방향	이은주 연구사	기타 자세한 사항은 센터 홈페이지를 참고하기 바랍니다.
11:00-11:50	학교 간 연계 및 협력을 통한 학교 간 공동교육과정	정현숙 박사	
13:00-14:50	고교학점제가 효율적으로 운영되기 위한 학교 공간의 변화	문지영 박사	
15:00-16:50	권역별 커뮤니티 구성 및 논의	전영희 연구원	

문단 번호 기능 사용
1수준 : 20pt, 오른쪽 정렬,
2수준 : 30pt, 오른쪽 정렬
줄 간격 : 180%

표 전체 글꼴 : 돋움, 10pt, 가운데 정렬
셀 배경(그러데이션) : 유형(가로),
시작색(하양), 끝색(노랑)

고교학점제지원센터

글꼴 : 궁서, 24pt, 진하게
장평 105%, 오른쪽 정렬

⊙ 조직 구성원이 해당 업무를 수행할 수 있는 전반적인 능력을 의미함

각주 구분선 : 5cm

쪽 번호 매기기
5로 시작

E

기능평가 ❶ 150점

01 다음의 ≪조건≫에 따라 스타일 기능을 적용하여 ≪출력형태≫와 같이 작성하시오. 50점

조건	(1) 스타일 이름 – intelligence (2) 문단 모양 – 왼쪽 여백 : 15pt, 문단 아래 간격 : 10pt (3) 글자 모양 – 글꼴 : 한글(돋움)/영문(굴림), 크기 : 10pt, 장평 : 95%, 자간 : 5%
출력형태	Current artificial intelligence is considered as life and culture, beyond the industry. Discussing life in the future will be impossible without mentioning artificial intelligence. 현재의 인공지능은 산업을 넘어 삶과 문화로 여겨지고 있다. 미래의 삶에 대한 논의는 인공지능에 대한 언급 없이는 불가능할 것이다.

02 다음의 ≪조건≫에 따라 ≪출력형태≫와 같이 표와 차트를 작성하시오. 100점

표 조건	(1) 표 전체(표, 캡션) – 굴림, 10pt (2) 정렬 – 문자 : 가운데 정렬, 숫자 : 오른쪽 정렬 (3) 셀 배경(면색) : 노랑 (4) 한글의 계산 기능을 이용하여 빈칸에 합계를 구하고, 캡션 기능 사용할 것 (5) 선 모양은 ≪출력형태≫와 동일하게 처리할 것

출력형태

SW 신기술 인공지능 분야 활용 현황(단위 : %)

산업분류	서비스 개선	프로세스 관리	업무 효율화	고객 관리	합계
정보통신업	54.2	50.2	45.8	21.5	
금융 및 보험업	57.5	68.3	49.5	26.0	
광업 및 제조업	50.6	49.3	46.8	49.7	
건설업	79.9	94.1	20.1	4.8	

차트 조건	(1) 차트 데이터는 표 내용에서 분야별 정보통신업, 금융 및 보험업, 광업 및 제조업의 값만 이용할 것 (2) 종류 – 〈묶은 세로 막대형〉으로 작업할 것 (3) 제목 – 돋움, 진하게, 12pt, 속성 – 채우기(하양), 테두리, 그림자(대각선 오른쪽 아래) (4) 제목 이외의 전체 글꼴 – 돋움, 보통, 10pt (5) 축제목과 범례는 ≪출력형태≫와 동일하게 처리할 것

출력형태

03 다음 (1), (2)의 수식을 수식 편집기로 각각 입력하시오. 40점

출력형태	
$(1)\ \vec{F} = -\dfrac{4\pi^2 m}{T^2} + \dfrac{m}{T^3}$	$(2)\ \overline{AB} = \sqrt{(x_2 - x_1)^2 + (y_2 - y_1)^2}$

04 다음의 ≪조건≫에 따라 ≪출력형태≫와 같이 문서를 작성하시오. 110점

조건	(1) 그리기 도구를 이용하여 작성하고, 모든 도형(글맵시, 지정된 그림 포함)을 ≪출력형태≫와 같이 작성하시오. (2) 도형의 면색은 지시사항이 없으면 색 없음을 제외하고 서로 다르게 임의로 지정하시오.

출력형태

글상자 : 크기(120mm×17mm), 면색(빨강), 글꼴(돋움, 22pt, 하양), 정렬(수평·수직-가운데)

주요 AI 활용 산업 분류

그림위치(내 PC\문서\ITQ\Picture\로고1.jpg, 문서에 포함), 크기(40mm×30mm), 그림 효과(회색조)

하이퍼링크 : 문서작성 능력평가의 **"인공지능 기술 및 산업 동향"** 제목에 설정한 책갈피로 이동

크기(115mm×50mm)

글맵시 이용(나비넥타이), 크기(50mm×35mm), 글꼴(굴림, 파랑)

서비스업

직사각형 그리기 : 크기(13mm×15mm), 면색(하양), 글꼴(돋움, 20pt), 정렬(수평·수직-가운데)

가 도소매업, 운수업, 정보통신업

글상자 이용, 선 종류(점선 또는 파선), 면색(색 없음), 글꼴(궁서, 18pt), 정렬(수평·수직-가운데)

직사각형 그리기 : 크기(12mm×15mm), 면색(하양을 제외한 임의의 색)

나 금융 및 보험업, 의료, 보건업

다 공공행정, 국방 및 사회보장

크기(130mm×145mm)

글꼴 : 굴림, 18pt, 진하게, 가운데 정렬
책갈피 이름 : 인간중심　　덧말 넣기

문단 첫 글자 장식 기능
글꼴 : 궁서, 면색 : 노랑

인공지능 서비스

머리말 기능
돋움, 10pt, 오른쪽 정렬

초거대 인공지능
인공지능 기술 및 산업 동향

미국의 오픈AI는 GPT-3으로 불리는 초거대 인공지능을 공개하며 많은 관심을 받았다. 특정 상황이 아닌 범용적으로 사용이 가능한 인공 일반지능을 목표로 국내외 기업들의 초거대 인공지능(人工知能) 개발 경쟁이 지속되고 있다.

네이버의 경우 자체 개발한 초대규모 인공지능 하이퍼클로바의 성능을 향상시키고 있으며, 음성검색, 번역뿐만 아니라 서비스 범위를 확대해 가고 있다. LG AI 연구원은 엑사원을 통해 6,000억 개 이상의 말뭉치, 텍스트와 결합된 고해상도 이미지 2억 5,000만 장 이상을 학습하여 제조, 연구, 교육, 통신, 금융 등 전 산업 분야에서 최고 전문가의 지능 확보를 목표로 하고 있다. 카카오브레인은 2021년 11월 GPT-3 모델의 한국어 초거대 인공지능 언어모델 KoGPT를 공개했다.

각주

긴 문장 요약, 문장 추론을 통한 결론 예측, 질문 문맥(文脈) 이해 등 모든 종류의 언어 과제 수행이 가능하며, 오픈소스⑥로 개방함으로써 접근성을 높이고자 하였다. KT도 초거대 인공지능 컴퓨팅 인프라를 클라우드 기반으로 구성하고 주요 인공지능 모델을 원클릭으로 손쉽게 구성하고 활용이 가능하도록 서비스하고 있다.

◆ 해외 주요국의 분야별 AI 적용 사례

글꼴 : 돋움, 18pt, 하양
음영색 : 파랑

그림위치(내 PC₩문서₩ITQ
₩Picture₩그림4.jpg,
문서에 포함)
자르기 기능 이용,
크기(40mm×35mm),
바깥 여백 왼쪽 : 2mm

가. 미국
　ⓐ 우즈홀 해양학 연구소 : 자율주행 로봇을 통한 심층 해양 탐사
　ⓑ 국립암연구소 : 암 영상 검사를 위한 AI 연구
나. 독일
　ⓐ 막스 플랑크 지능시스템 연구소 : AI 기반 로봇 터치 감지 개선
　ⓑ 드레스덴 대학 연구팀 : 질병 조기 발견 및 치료를 위한 이식형 AI 시스템

◆ OECD의 주요 AI 적용 산업 및 영역

글꼴 : 돋움, 18pt, 밑줄, 강조점

구분	산업분류	주요 AI 적용 영역	핵심 내용
1	정보통신업	광고, AR, VR, 네트워크 보안, 소프트웨어 생산	OECD(2022) 정책 관점에서 AI 시스템 평가를 위한 도구 개발
2	건설업	3D 빌딩 정보 모델링, 건물 시뮬레이터	
3	제조업	제품 조립, 공급망 관리 및 계획	
4	교육	AI를 활용한 개인 학습, 챗봇, 시험 또는 채점 구성	
5	숙박 및 음식점업	AI 기반 챗봇, 고객 피드백 데이터 분석	

문단 번호 기능 사용
1수준 : 20pt, 오른쪽 정렬,
2수준 : 30pt, 오른쪽 정렬
줄 간격 : 180%

한국지능정보사회진흥원

표 전체 글꼴 : 굴림, 10pt, 가운데 정렬
셀 배경(그러데이션) : 유형(가로),
시작색(하양), 끝색(노랑)

글꼴 : 궁서, 24pt, 진하게
장평 105%, 오른쪽 정렬

ⓐ 소스프로그램이 공개되어 자유롭게 수정하고 재배포할 수 있는 프로그램

각주 구분선 : 5cm

쪽 번호 매기기
5로 시작　⑤

최신 기출문제 06회

수험번호 20251006   정답파일 PART 03 최신 기출문제\최신06회_정답.hwp

▶ 합격 강의

기능평가 ❶ **150**점

01 다음의 ≪조건≫에 따라 스타일 기능을 적용하여 ≪출력형태≫와 같이 작성하시오. 50점

조건	(1) 스타일 이름 – education
	(2) 문단 모양 – 왼쪽 여백 : 15pt, 문단 아래 간격 : 10pt
	(3) 글자 모양 – 글꼴 : 한글(돋움)/영문(굴림), 크기 : 10pt, 장평 : 95%, 자간 : 5%
출력형태	Lifelong education is the "ongoing, voluntary, and self-motivated" pursuit of knowledge and this is being recognized by traditional schools.
	평생교육은 개인 또는 직업적인 이유를 위해 "지속적, 자발적, 자기 동기부여"로 지식을 추구하는 것으로, 학교에서도 인정받고 있으며 국가는 평생교육을 진흥하고 있다.

02 다음의 ≪조건≫에 따라 ≪출력형태≫와 같이 표와 차트를 작성하시오. 100점

표 조건	(1) 표 전체(표, 캡션) – 굴림, 10pt
	(2) 정렬 – 문자 : 가운데 정렬, 숫자 : 오른쪽 정렬 (3) 셀 배경(면색) : 노랑
	(4) 한글의 계산 기능을 이용하여 빈칸에 평균(소수점 두 자리)을 구하고, 캡션 기능 사용할 것
	(5) 선 모양은 ≪출력형태≫와 동일하게 처리할 것

출력형태

지역별 학급당 학생수(단위 : 명)

구분	유치원	초등학교	중학교	고등학교	평균
부산	17	21	24	20	
대구	19	21	23	22	
인천	17	21	25	22	
광주	17	20	23	23	

차트 조건	(1) 차트 데이터는 표 내용에서 구분별 부산, 대구, 인천의 값만 이용할 것
	(2) 종류 – 〈묶은 세로 막대형〉으로 작업할 것
	(3) 제목 – 돋움, 진하게, 12pt, 속성 – 채우기(하양), 테두리, 그림자(대각선 오른쪽 아래)
	(4) 제목 이외의 전체 글꼴 – 돋움, 보통, 10pt
	(5) 축제목과 범례는 ≪출력형태≫와 동일하게 처리할 것

출력형태

03 다음 (1), (2)의 수식을 수식 편집기로 각각 입력하시오.   40점

출력형태	$(1)\ \dfrac{h_1}{h_2} = \left(\sqrt{a}\right)^{M_2 - M_1} \fallingdotseq 2.5^{M_2 - M_1}$ $(2)\ h = \sqrt{k^2 - r^2},\ M = \dfrac{1}{3}\pi r^2 h$

04 다음의 ≪조건≫에 따라 ≪출력형태≫와 같이 문서를 작성하시오.   110점

조건	(1) 그리기 도구를 이용하여 작성하고, 모든 도형(글맵시, 지정된 그림 포함)을 ≪출력형태≫와 같이 작성하시오. (2) 도형의 면색은 지시사항이 없으면 색 없음을 제외하고 서로 다르게 임의로 지정하시오.

출력형태	

글상자 : 크기(110mm×17mm), 면색(빨강), 글꼴(돋움, 22pt, 하양), 정렬(수평·수직-가운데)

그림위치(내 PC₩문서₩ITQ₩Picture₩로고1.jpg, 문서에 포함), 크기(40mm×30mm), 그림 효과(회색조)

하이퍼링크 : 문서작성 능력평가의 **"국가평생학습포털 늘배움"** 제목에 설정한 책갈피로 이동

크기(115mm×50mm)

글맵시 이용(나비넥타이), 크기(50mm×35mm), 글꼴(굴림, 파랑)

직사각형 그리기 : 크기(10mm×15mm), 면색(하양), 글꼴(돋움, 20pt), 정렬(수평·수직-가운데)

직사각형 그리기 : 크기(15mm×10mm), 면색(하양을 제외한 임의의 색)

늘 배우는 늘배움 습관

다양한 분야의 무료 강좌

쉽고 편리하게 이용 가능

글상자 이용, 선 종류(점선 또는 파선), 면색(색 없음), 글꼴(궁서, 17pt), 정렬(수평·수직-가운데)

크기(130mm×145mm)

글꼴 : 굴림, 18pt, 진하게, 가운데 정렬
책갈피 이름 : 평생교육   덧말 넣기

문단 첫 글자 장식 기능
글꼴 : 궁서, 면색 : 노랑

배움으로 여는 미래
국가평생학습포털 늘배움

배움의 기회

머리말 기능
돋움, 10pt, 오른쪽 정렬

미 래 한국의 연령별 인구분포도는 절벽 형상이다. 절벽 형상의 인구분포는 이미 일부 군지역에서는 선명하게 드러난다. 지역적으로 학령인구 감소가 뚜렷했던 30여 년 전 대응책은 학교 통폐합이었다. 2018년 기준 면 소재 초등학교 수는 1,552개교로 면당 1.3개 초등학교가 있는 셈인데, 더 이상 학교를 줄일 수 없는 한계 상황에 직면(直面)하였다. 양질의 학습권 보장의 관점에서 필요한 학교 운영 체제의 변화 등 문제에 대한 관점과 접근 방식의 근본적인 검토가 필요하다. 인구감소로 거주지로서 의미를 상실하고 있는 지역은 농촌으로 분류되는 지역에 집중되어 있다는 점도 간과(看過)할 수 없다.

각주

학생 수가 급감하는 시기에 지역을 기반으로 공공성을 강화한 유연하고 개방적인 평생학습체제를 수립하는 기회로 삼아야 할 것이다. 이제는 제4차 산업혁명, 초연결사회, 인구절벽의 시대 격변기를 맞아 교육 현실을 혁신적으로 바꿔 나가는 시대적 과제를 해결해야 한다. 한국교육개발원®은 교육에 대한 국가적 책임을 다하고, 공유성장을 통해 미래 교육을 선도하는 교육 정책 연구의 핵심 기관이 되도록 차별적 연구 역량을 강화하도록 할 것이다.

♣ 국가평생학습포털 개요

글꼴 : 돋움, 18pt, 하양
음영색 : 파랑

A. 추진배경
    1. 시간적 지리적 제약으로 참여하는데 어려운 불편함 해소
    2. 평생학습 정보의 개방, 공유, 평생학습 원스톱 서비스 지원
B. 중점과제
    1. 포털, 모바일 등을 활용하여 평생학습 활성화 기반 마련
    2. 평생학습 빅데이터 데이터베이스(DB) 구축

그림위치(내 PC₩문서
₩ITQ₩Picture₩그림4.jpg,
문서에 포함)
자르기 기능 이용,
크기(40mm×35mm),
바깥 여백 왼쪽 : 2mm

♣ 방송통신학교 입학설명회 일정

글꼴 : 돋움, 18pt, 밑줄, 강조점

시간	2월 8일	2월 9일	2월 10일	장소
09:00-10:00	등록 및 일정 안내	평생교육론	방송통신 수업 연구	대강당
10:20-12:00	방송통신고 입학 안내	이러닝 교수학습 방법	협동 수업 워크숍	
12:00-13:00	중식			
13:00-16:00	방송통신대 입학 안내	방송통신 수업의 실제	내용 정리 및 폐회	종합강의동

문단 번호 기능 사용
1수준 : 20pt, 오른쪽 정렬,
2수준 : 30pt, 오른쪽 정렬
줄 간격 : 180%

표 전체 글꼴 : 굴림, 10pt, 가운데 정렬
셀 배경(그러데이션) : 유형(가로),
시작색(하양), 끝색(노랑)

한국교육개발원

글꼴 : 궁서, 24pt, 진하게
장평 105%, 오른쪽 정렬

⊛ 1972년 정부 출연금으로 설립한 교육 연구 기관으로 평생교육을 담당

각주 구분선 : 5cm

쪽 번호 매기기
5로 시작   E

기능평가 ❶   150점

01 다음의 ≪조건≫에 따라 스타일 기능을 적용하여 ≪출력형태≫와 같이 작성하시오.   50점

조건	(1) 스타일 이름 – platform (2) 문단 모양 – 왼쪽 여백 : 15pt, 문단 아래 간격 : 10pt (3) 글자 모양 – 글꼴 : 한글(굴림)/영문(돋움), 크기 : 10pt, 장평 : 95%, 자간 : 5%
출력형태	Online PACK is the business Online platform for the makers, suppliers and specialists in packaging, cosmetic, pharmaceutical, bio industries from all over the world. 온라인 국제포장기자재전-국제제약 화장품위크는 전 세계의 포장, 화장품, 제약, 바이오산업의 제조업체, 공급업체와 전문가를 위한 비즈니스 온라인 플랫폼이다.

02 다음의 ≪조건≫에 따라 ≪출력형태≫와 같이 표와 차트를 작성하시오.   100점

표 조건	(1) 표 전체(표, 캡션) – 돋움, 10pt (2) 정렬 – 문자 : 가운데 정렬, 숫자 : 오른쪽 정렬 (3) 셀 배경(면색) : 노랑 (4) 한글의 계산 기능을 이용하여 빈칸에 합계를 구하고, 캡션 기능 사용할 것 (5) 선 모양은 ≪출력형태≫와 동일하게 처리할 것

출력형태

국제물류산업대전 관람객 현황(단위 : 천 명)

구분	10회	11회	12회	13회	합계
1일차	7.4	8.1	7.9	8.5	
2일차	12.2	13.7	12.8	13.1	
3일차	10.1	10.5	11.2	11.9	
4일차	4.8	5.2	5.7	6.2	✕

차트 조건	(1) 차트 데이터는 표 내용에서 횟수별 1일차, 2일차, 3일차의 값만 이용할 것 (2) 종류 – 〈묶은 세로 막대형〉으로 작업할 것 (3) 제목 – 굴림, 진하게, 12pt, 속성 – 채우기(하양), 테두리, 그림자(대각선 오른쪽 아래) (4) 제목 이외의 전체 글꼴 – 굴림, 보통, 10pt (5) 축제목과 범례는 ≪출력형태≫와 동일하게 처리할 것

출력형태

03 다음 (1), (2)의 수식을 수식 편집기로 각각 입력하시오.   40점

출력형태	(1) $Q = \lim_{\Delta t \to 0} \dfrac{\Delta s}{\Delta t} = \dfrac{d^2 s}{dt^2} + 1$ (2) $\displaystyle\int_a^b x f(x)\,dx = \frac{1}{b-a}\int_a^b x\,dx = \frac{a+b}{2}$

04 다음의 ≪조건≫에 따라 ≪출력형태≫와 같이 문서를 작성하시오.   110점

조건	(1) 그리기 도구를 이용하여 작성하고, 모든 도형(글맵시, 지정된 그림 포함)을 ≪출력형태≫와 같이 작성하시오. (2) 도형의 면색은 지시사항이 없으면 색 없음을 제외하고 서로 다르게 임의로 지정하시오.

출력형태

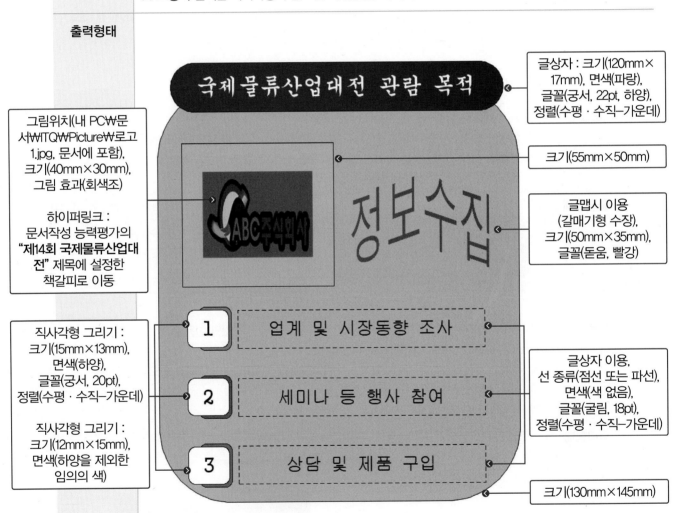

글꼴 : 돋움, 18pt, 진하게, 가운데 정렬
책갈피 이름 : 물류　　덧말 넣기

미래 물류 기술

머리말 기능
굴림, 10pt, 오른쪽 정렬

문단 첫 글자 장식 기능
글꼴 : 궁서, 면색 : 노랑

물류산업의 변화와 혁신
제14회 국제물류산업대전

국제물류산업대전은 한국통합물류협회가 주최하고 국토교통부가 후원하는 운송, 서비스, 보관, 물류설비 분야를 아우르는 국내 최대 규모의 물류 전시회이다. 국제물류산업대전에서는 물류 IT, 물류 자동화 시스템, 유통 솔루션 및 기기, 콜드체인 솔루션 등 산업의 디지털 전환(轉換)을 이끌어가고 있는 국내외 기업들이 참가하여 제품 및 솔루션을 전시하고 물류산업의 트렌드를 한눈에 살펴볼 수 있는 자리이다.

각주

　이번 전시회에서는 물류 서비스 및 물류 스타트업㉮ 전용관을 통해 분야별 물류 전문가와의 만남의 장을 마련하고 글로벌 경쟁력을 갖춘 국내 화주(貨主) 및 물류기업의 해외 진출 지원을 위한 해외 투자 환경 정보 제공과 글로벌 네트워크 확보 기회를 제공한다. 별도로 마련된 국토교통 연구개발 홍보관과 스타트업관에서는 국가 물류 연구개발 사업에 관한 내용을 확인하고 물류 분야 창업 기업들을 만나볼 수 있으며, 전시회 방문 기업을 대상으로 스마트물류센터 인증제도 관련 설명회와 상담도 진행한다. 스마트물류센터 인증제도는 인공지능 기반 화물 처리와 물류센터 자동화 등 스마트 물류 기술을 활용하는 물류 시설에 투자비의 일부를 지원하는 제도이다.

그림위치(내 PC\문서\ITQ\Picture\그림4.jpg, 문서에 포함) 자르기 기능 이용, 크기(40mm×40mm), 바깥 여백 왼쪽 : 2mm

♣ 제14회 국제물류산업대전 개요

글꼴 : 궁서, 18pt, 하양
음영색 : 빨강

　가. 기간 및 장소
　　① 기간 : 2024. 4. 23 - 26, 4일간
　　② 장소 : 킨텍스 제2전시장
　나. 주최 및 후원
　　① 주최 : 한국통합물류협회, 산업전문전시회
　　② 후원 : 국토교통부, 경기도

♣ 물류 분야 및 콜드체인 분야 세미나

글꼴 : 궁서, 18pt, 밑줄, 강조점

분야	일자	발표 주제	장소
물류 분야	2024. 4. 23	물류 분야 글로벌 환경 세미나	제2전시장 205호
	2024. 4. 24	물류산업 변화, 물류 기술 혁신과 안전	제2전시장 212호
		다채널 물류센터의 도전과 미래지향적 자동화 솔루션	제2전시장 210호
	2024. 4. 25	모빌리티 혁신	제2전시장 212호
콜드체인 분야	2024. 4. 26	콜드체인 고도화를 위한 신기술 세미나	

문단 번호 기능 사용
1수준 : 20pt, 오른쪽 정렬,
2수준 : 30pt, 오른쪽 정렬
줄 간격 : 180%

표 전체 글꼴 : 돋움, 10pt, 가운데 정렬
셀 배경(그러데이션) : 유형(가로),
시작색(하양), 끝색(노랑)

국제물류산업대전사무국

글꼴 : 돋움, 24pt, 진하게
장평 105%, 오른쪽 정렬

㉮ 혁신적인 기술 또는 아이디어를 가진 신생 창업 기업들을 의미

각주 구분선 : 5cm

쪽 번호 매기기
6으로 시작　▶ VI

최신 기출문제 08회

수험번호 20251008 정답파일 PART 03 최신 기출문제\최신08회_정답.hwp

▶합격 강의

기능평가 ❶ **150**점

01 다음의 ≪조건≫에 따라 스타일 기능을 적용하여 ≪출력형태≫와 같이 작성하시오. 50점

조건	(1) 스타일 이름 – tourism (2) 문단 모양 – 왼쪽 여백 : 15pt, 문단 아래 간격 : 10pt (3) 글자 모양 – 글꼴 : 한글(굴림)/영문(돋움), 크기 : 10pt, 장평 : 95%, 자간 : 5%
출력형태	Korea is a country visited by many travelers every year. With a long history of culture and tradition, this country has a lot to offer travelers. 관광자원은 자연과 인간의 상호작용의 결과로 개발을 통해서 관광대상이 된다. 개발 방법을 구체적으로 분류하면 교통수단의 건설, 숙박 시설의 건설, 제반 부대시설의 건설, 홍보 및 광고 등이 있다.

02 다음의 ≪조건≫에 따라 ≪출력형태≫와 같이 표와 차트를 작성하시오. 100점

표 조건	(1) 표 전체(표, 캡션) – 돋움, 10pt (2) 정렬 – 문자 : 가운데 정렬, 숫자 : 오른쪽 정렬　　　(3) 셀 배경(면색) : 노랑 (4) 한글의 계산 기능을 이용하여 빈칸에 합계를 구하고, 캡션 기능 사용할 것 (5) 선 모양은 ≪출력형태≫와 동일하게 처리할 것

외래 관광객 현황(단위 : 천 명)

구분	2018년	2019년	2020년	2021년	합계
프랑스	89.4	90.9	41.7	48.4	
그리스	30.1	31.3	7.4	14.7	
이탈리아	61.6	64.5	25.2	26.9	
스위스	11.7	11.8	3.7	4.4	

차트 조건	(1) 차트 데이터는 표 내용에서 연도별 프랑스, 그리스, 이탈리아의 값만 이용할 것 (2) 종류 – 〈묶은 세로 막대형〉으로 작업할 것 (3) 제목 – 굴림, 진하게, 12pt, 속성 – 채우기(하양), 테두리, 그림자(대각선 오른쪽 아래) (4) 제목 이외의 전체 글꼴 – 굴림, 보통, 10pt (5) 축제목과 범례는 ≪출력형태≫와 동일하게 처리할 것
출력형태	

03 다음 (1), (2)의 수식을 수식 편집기로 각각 입력하시오.　　　　　　　　40점

출력형태	$(1)\ h = \sqrt{k^2 - r^2},\ M = \frac{1}{3}\pi r^2 h$　　　　$(2)\ m = \frac{\Delta P}{K_a} = \frac{\Delta t_b}{K_b} = \frac{\Delta t_f}{K_f}$

04 다음의 ≪조건≫에 따라 ≪출력형태≫와 같이 문서를 작성하시오.　　　　110점

조건	(1) 그리기 도구를 이용하여 작성하고, 모든 도형(글맵시, 지정된 그림 포함)을 ≪출력형태≫와 같이 작성하시오. (2) 도형의 면색은 지시사항이 없으면 색 없음을 제외하고 서로 다르게 임의로 지정하시오.

출력형태

그림위치(내 PC₩문서₩ITQ₩Picture₩로고 1.jpg, 문서에 포함), 크기(40mm×30mm), 그림 효과(회색조)

하이퍼링크 : 문서작성 능력평가의 **"동기를 일으키는 관광자원"** 제목에 설정한 책갈피로 이동

직사각형 그리기 : 크기(15mm×13mm), 면색(하양), 글꼴(궁서, 20pt), 정렬(수평 · 수직–가운데)

직사각형 그리기 : 크기(13mm×10mm), 면색(하양을 제외한 임의의 색)

글상자 : 크기(80mm×17mm), 면색(파랑), 글꼴(궁서, 22pt, 하양), 정렬(수평 · 수직–가운데)

크기(110mm×65mm)

글맵시 이용(갈매기형 수장), 크기(50mm×35mm), 글꼴(돋움, 빨강)

글상자 이용, 선 종류(점선 또는 파선), 면색(색 없음), 글꼴(굴림, 18pt), 정렬(수평 · 수직–가운데)

크기(130mm×80mm)

글꼴 : 돋움, 18pt, 진하게, 가운데 정렬
책갈피 이름 : 관광   덧말 넣기

문단 첫 글자 장식 기능
글꼴 : 궁서, 면색 : 노랑

관광자원

머리말 기능
굴림, 10pt, 오른쪽 정렬

관광자원의 개발
동기를 일으키는 관광자원

관 광자원은 본래 그 자체로서 관광가치를 지니고 있으나 개발(開發)이라는 인공적 수단을 거쳐 보다 유용한 관광대상이 된다. 선진국들은 이미 오래전부터 지역 축제 등을 통해 관광객을 유치하여 지역 소득에 기여함은 물론 고용 효과까지 창출하고 있다. 우리나라도 그동안의 경제 성장과 국민의 소득 증가에 따른 일반 대중의 관광수요를 충족시키는 한편 1980년대에 들어와서 국제 관광지로서의 위상 확립과 외래 관광객의 증가에 대비하여 관광자원 사업을 적극 추진해 왔다.

관광자원 개발 사업은 현재 외래 관광객의 수용 시설이 서울을 비롯한 대도시에 편중되면서 빚어지는 불균형을 시정하는 한편 관광시설을 전국적으로 균형 있게 분산(分散)시켜 관광대상지를 확장하고 관광객의 체재 기간을 연장시켜 소비를 높이는 데 그 목적을 두고 있다. 이에 따른 균형 있는 국토의 개발과 주민 소득의 증대, 고용의 확대, 자연 및 문화재의 보전이라는 파급 효과도 기대할 수 있다. 정부는 국제 수준의 관광시설 확보와 함께 수려한 자연과 반만년의 역사를 배경으로 한 고유문화⑦의 보호라는 양면성을 조화시키면서 국토 개발 계획, 문화재 보존 계획 등과 상충되지 않는 방향으로 본 사업을 추진하고 있다.

각주

글꼴 : 궁서, 18pt, 하양
음영색 : 빨강

그림위치(내 PC₩문서₩ITQ
₩Picture₩그림4.jpg,
문서에 포함)
자르기 기능 이용,
크기(40mm×40mm),
바깥 여백 왼쪽 : 2mm

★ 관광자원 분류의 필요성

> 가. 분류 작업의 필요성
>> ① 각각의 연구들을 단순하게 취급할 수 있도록 도움 제공
>> ② 분류에 따른 속성의 이해를 명확하게 함
> 나. 관광자원 분류의 목적
>> ① 관광자원의 역할과 가치를 평가
>> ② 관광자원의 합리적 이용, 관리, 보호를 위한 기초자료

★ 관광자원의 2분류 체계

글꼴 : 궁서, 18pt, 밑줄, 강조점

1분류	2분류	이용시기
문화	인물	출생지, 생가, 유배지, 기념비, 묘, 문학비, 영정, 문학/영화/드라마 배경지, 기타
	축조물	누(정), 서원, 향고, 사찰, 궁궐, 성곽, 탑, 불상, 고궁, 고가옥, 사당, 칠성각
자연 및 생태환경	동/식물	희귀종, 자생지, 조류서식지, 번식지, 철새도래지, 방품림, 기타
	자연경관	산, 강, 폭포, 고개, 동굴, 화석지, 갯벌, 분화구, 8경, 오름 등

문단 번호 기능 사용
1수준 : 20pt, 오른쪽 정렬,
2수준 : 30pt, 오른쪽 정렬
줄 간격 : 180%

표 전체 글꼴 : 돋움, 10pt, 가운데 정렬
셀 배경(그러데이션) : 유형(가로),
시작색(하양), 끝색(노랑)

한국관광공사

글꼴 : 돋움, 24pt, 진하게
장평 105%, 오른쪽 정렬

⑦ 어떠한 나라나 민족이 본래 가지고 있는 독특한 문화

각주 구분선 : 5cm

쪽 번호 매기기
6으로 시작

F

기능평가 ❶   **150**점

01 다음의 ≪조건≫에 따라 스타일 기능을 적용하여 ≪출력형태≫와 같이 작성하시오.   50점

조건	(1) 스타일 이름 – cio
	(2) 문단 모양 – 왼쪽 여백 : 10pt, 문단 아래 간격 : 10pt
	(3) 글자 모양 – 글꼴 : 한글(궁서)/영문(돋움), 크기 : 10pt, 장평 : 95%, 자간 : −5%
출력형태	As information technology and systems have become more important, the CIO has come to be viewed in many organizations as a key contributor. 최고정보관리책임자란 기업 활동에서 기업 전략으로서의 정보 시스템을 어떻게 활용할 것인가를 입안, 실행하는 정보 자원 관리의 책임을 지는 사람을 말한다.

02 다음의 ≪조건≫에 따라 ≪출력형태≫와 같이 표와 차트를 작성하시오.   100점

표 조건	(1) 표 전체(표, 캡션) – 돋움, 10pt
	(2) 정렬 – 문자 : 가운데 정렬, 숫자 : 오른쪽 정렬 (3) 셀 배경(면색) : 노랑
	(4) 한글의 계산 기능을 이용하여 빈칸에 평균(소수점 두 자리)을 구하고, 캡션 기능 사용할 것
	(5) 선 모양은 ≪출력형태≫와 동일하게 처리할 것

출력형태   최고정보관리책임자 채용 현황(단위 : %)

구분	2014년	2015년	2016년	2017년	평균
정보기술	37.2	28.6	57.4	69.6	
정보통신	46.8	59.3	70.8	75.1	
금융기관	32.1	45.3	40.6	76.3	
제조업	22.6	35.3	46.2	49.7	

차트 조건	(1) 차트 데이터는 표 내용에서 연도별 정보기술, 정보통신, 금융기관의 값만 이용할 것
	(2) 종류 – 〈묶은 세로 막대형〉으로 작업할 것
	(3) 제목 – 굴림, 진하게, 12pt, 속성 – 채우기(하양), 테두리, 그림자(대각선 오른쪽 아래)
	(4) 제목 이외의 전체 글꼴 – 굴림, 보통, 10pt
	(5) 축제목과 범례는 ≪출력형태≫와 동일하게 처리할 것

출력형태

03 다음 (1), (2)의 수식을 수식 편집기로 각각 입력하시오.   40점

출력형태	(1) $G = 2\int_{\frac{a}{2}}^{a} \dfrac{b\sqrt{a^2 - x^2}}{a}\,dx$ (2) $L = \dfrac{m+M}{m}\,V = \dfrac{m+M}{m}\,\sqrt{2gh}$

04 다음의 ≪조건≫에 따라 ≪출력형태≫와 같이 문서를 작성하시오.   110점

조건	(1) 그리기 도구를 이용하여 작성하고, 모든 도형(글맵시, 지정된 그림 포함)을 ≪출력형태≫와 같이 작성하시오. (2) 도형의 면색은 지시사항이 없으면 색 없음을 제외하고 서로 다르게 임의로 지정하시오.

출력형태

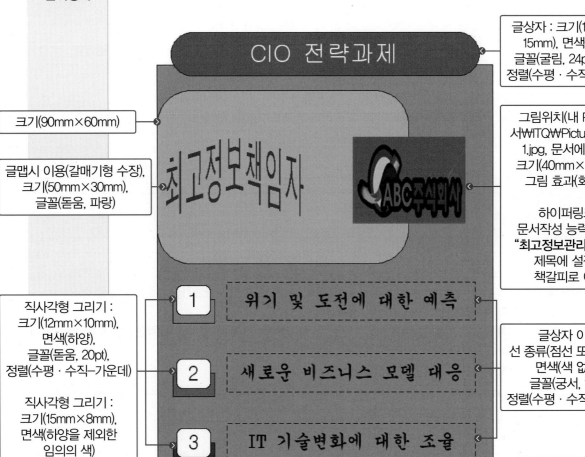

글상자 : 크기(110mm×15mm), 면색(빨강), 글꼴(굴림, 24pt, 하양), 정렬(수평·수직-가운데)

크기(90mm×60mm)

글맵시 이용(갈매기형 수장), 크기(50mm×30mm), 글꼴(돋움, 파랑)

그림위치(내 PC₩문서₩ITQ₩Picture₩로고1.jpg, 문서에 포함), 크기(40mm×30mm), 그림 효과(회색조)

하이퍼링크 : 문서작성 능력평가의 **"최고정보관리책임자"** 제목에 설정한 책갈피로 이동

직사각형 그리기 : 크기(12mm×10mm), 면색(하양), 글꼴(돋움, 20pt), 정렬(수평·수직-가운데)

직사각형 그리기 : 크기(15mm×8mm), 면색(하양을 제외한 임의의 색)

글상자 이용, 선 종류(점선 또는 파선), 면색(색 없음), 글꼴(궁서, 18pt), 정렬(수평·수직-가운데)

크기(120mm×145mm)

글꼴 : 돋움, 18pt, 진하게, 가운데 정렬
책갈피 이름 : 정보관리　　덧말 넣기

CIO 아카데미

머리말 기능
돋움, 10pt, 오른쪽 정렬

문단 첫 글자 장식 기능
글꼴 : 궁서, 면색 : 노랑

정보시스템 관리
최고정보관리책임자

최 근 경영환경의 급속한 변화는 최고정보관리책임자(CIO)로 하여금 정보 통신기술의 전략적 활용을 통한 기업의 경영혁신을 선도(先導)하고 새로운 비즈니스 가치를 창출해야 하는 다양한 역할을 요구하고 있다. CIO는 기업의 경영 목표를 이루기 위해 정보기술을 감독하고 정보전략을 세우는 것을 주 임무로 한다. 따라서 기업 경영에 대한 통찰력이 있어야 하며 정보기술을 기업 구석구석까지 전략적으로 사용할 수 있는 능력을 갖춰야 한다. e비즈니스ⓐ의 보급과 전산화의 영향으로 기업 내의 정보 및 정보시스템 관리 능력이 기업의 주요 경쟁력으로 꼽히면서 중요성이 강조되고 있는 직책(職責)이다.

각주

　　CIO는 이렇게 한 기업의 정보기술과 컴퓨터 시스템 부문을 책임지는 사람에게 부여되는 명칭이다. 기업의 인터넷과 월드와이드웹 등을 장기 전략과 중기 비즈니스 계획에 통합하기 위한 사업을 지휘하는 경우도 많다. 따라서 최고정보관리책임자는 정보기술과 이의 활용에 관한 기술적 지식 및 경험도 필요하며, 사업 운영에 대한 지식과 전략적 안목이 있어야 한다.

★ CIO의 자질과 역할

글꼴 : 굴림, 18pt, 하양
음영색 : 빨강

그림위치(내 PC₩문서₩ITQ₩Picture₩그림4.jpg, 문서에 포함)
자르기 기능 이용,
크기(40mm×35mm),
바깥 여백 왼쪽 : 2mm

　　i. CIO의 자질
　　　　a. 리더십, 의사소통능력, 전략/혁신감각, IT지식, 자원관리
　　　　b. 업계에 대한 지식, 창의력, 긍정적 사고, 정치적 능력
　　ii. CIO의 역할
　　　　a. 경영전략에 부응하는 IT전략 수립 및 정보시스템 구축
　　　　b. 기업이 필요로 하는 IT기반의 새로운 비즈니스 모델 창출

★ CIO 아카데미 커리큘럼

글꼴 : 굴림, 18pt, 밑줄, 강조점

일자	구분	주요 내용	장소
1월 16일	IT 기술 트렌드	4차 산업혁명시대, 디지털 신기술과 미래 전략	국제관
1월 23일		블록체인 기술과 산업별 적용 사례	전략실
1월 30일		빅데이터 활용 이슈와 성공 사례	기획실
2월 13일	정보관리 정보보호 소양 교육	국내 개인정보보호규정 대응 현황 및 국제적 전망	회의실

문단 번호 기능 사용
1수준 : 20pt, 오른쪽 정렬,
2수준 : 30pt, 오른쪽 정렬
줄 간격 : 180%

표 전체 글꼴 : 돋움, 10pt, 가운데 정렬
셀 배경(그러데이션) : 유형(가로),
시작색(하양), 끝색(노랑)

한국CIO포럼

글꼴 : 궁서, 24pt, 진하게
장평 105%, 오른쪽 정렬

ⓐ 인터넷을 기업 경영에 도입하여 기존 기업의 경영 활동 영역을 가상공간으로 이전시킨 것

각주 구분선 : 5cm

쪽 번호 매기기
4로 시작 　　iv

최신 기출문제 10회

수험번호 20251010 　**정답파일** PART 03 최신 기출문제₩최신10회_정답.hwp

▶합격 강의

기능평가 ❶　　　　　　　　　　　　　　　　　　　　　　　　**150**점

01 다음의 ≪조건≫에 따라 스타일 기능을 적용하여 ≪출력형태≫와 같이 작성하시오.　　　50점

조건	(1) 스타일 이름 – martial
	(2) 문단 모양 – 왼쪽 여백 : 10pt, 문단 아래 간격 : 10pt
	(3) 글자 모양 – 글꼴 : 한글(궁서)/영문(돋움), 크기 : 10pt, 장평 : 95%, 자간 : –5%
출력형태	You can see diligent and happy lives of Chungju citizens large and small festivals. Beginning of Spa Festival and holding Chungju Martial Arts Festival and Ureuk Cultural Festival will on the top rung.
	한반도의 중심이며 국가 지정 중요무형문화재 제76호인 택견의 본고장 충주에서 세계 무술과 문화의 만남이라는 주제로 다양한 체험과 함께 세계무술축제가 개최된다.

02 다음의 ≪조건≫에 따라 ≪출력형태≫와 같이 표와 차트를 작성하시오.　　　100점

표 조건	(1) 표 전체(표, 캡션) – 돋움, 10pt
	(2) 정렬 – 문자 : 가운데 정렬, 숫자 : 오른쪽 정렬　　(3) 셀 배경(면색) : 노랑
	(4) 한글의 계산 기능을 이용하여 빈칸에 평균(소수점 두 자리)을 구하고, 캡션 기능 사용할 것
	(5) 선 모양은 ≪출력형태≫와 동일하게 처리할 것

출력형태

연도별 무술 수련자 현황(단위 : 천 명)

구분	2019년	2020년	2021년	2022년	평균
택견	225	224	312	324	
해동검도	223	272	291	321	
특공무술	268	284	348	368	
공권유술	198	250	268	298	

차트 조건	(1) 차트 데이터는 표 내용에서 연도별 택견, 해동검도, 특공무술의 값만 이용할 것
	(2) 종류 – 〈묶은 세로 막대형〉으로 작업할 것
	(3) 제목 – 굴림, 진하게, 12pt, 속성 – 채우기(하양), 테두리, 그림자(대각선 오른쪽 아래)
	(4) 제목 이외의 전체 글꼴 – 굴림, 보통, 10pt
	(5) 축제목과 범례는 ≪출력형태≫와 동일하게 처리할 것

출력형태

03 다음 (1), (2)의 수식을 수식 편집기로 각각 입력하시오.

40점

출력형태	$(1) \sum_{k=1}^{10} (k^3 + 6k^2 + 4k + 3) = 256$ $(2) \int_a^b x f(x) dx = \frac{1}{b-a} \int_a^b x dx = \frac{a+b}{2}$

04 다음의 ≪조건≫에 따라 ≪출력형태≫와 같이 문서를 작성하시오.

110점

조건	(1) 그리기 도구를 이용하여 작성하고, 모든 도형(글맵시, 지정된 그림 포함)을 ≪출력형태≫와 같이 작성하시오.
	(2) 도형의 면색은 지시사항이 없으면 색 없음을 제외하고 서로 다르게 임의로 지정하시오.

출력형태

글상자 : 크기(110mm×15mm), 면색(파랑), 글꼴(궁서, 24pt, 하양), 정렬(수평·수직-가운데)

그림위치(내 PC\문서\ITQ\Picture\로고1.jpg, 문서에 포함), 크기(40mm×30mm), 그림 효과(회색조)

하이퍼링크 : 문서작성 능력평가의 **"세계 무술의 메카 충주"** 제목에 설정한 책갈피로 이동

글맵시 이용 (나비넥타이), 크기(50mm×30mm), 글꼴(돋움, 빨강)

크기(115mm×70mm)

직사각형 그리기 : 크기(13mm×10mm), 면색(하양), 글꼴(궁서, 18pt), 정렬(수평·수직-가운데)

직사각형 그리기 : 크기(15mm×13mm), 면색(하양을 제외한 임의의 색)

글상자 이용, 선 종류(점선 또는 파선), 면색(색 없음), 글꼴(굴림, 18pt), 정렬(수평·수직-가운데)

크기(120mm×145mm)

글꼴 : 돋움, 18pt, 진하게, 가운데 정렬
책갈피 이름 : 무술   덧말 넣기

무술 한마당

머리말 기능
돋움, 10pt, 오른쪽 정렬

문단 첫 글자 장식 기능
글꼴 : 궁서, 면색 : 노랑

세계무술과 문화
세계 무술의 메카 충주

각주

문화의 시대로 불리는 21세기는 문화(文化)가 곧 국력이자 부가가치가 무한한 관광 자원이다. 찬란했던 중원문화®의 중심지인 충주는 국가 지정 중요무형문화재 제76호인 택견의 본고장으로 1998년부터 충주세계무술축제를 개최하고 있다. 유네스코가 공식 후원하는 본 행사는 국내 무술은 물론 아시아, 아메리카, 오세아니아, 아프리카, 유럽 등 전 세계 주요 무술을 만날 수 있는 생동감 넘치는 축제의 장이다. 제14회를 맞은 2012년에는 37개국 42개 세계무술연맹 단체를 비롯하여 국내외 유수의 무술 팀이 대거 참여해 풍성한 볼거리와 흥미진진하고 다양한 체험을 선사하면서 충주를 세계 무술의 메카로 확고히 자리매김하게 하였다.

　세계무술축제는 충주 지역 관광의 세계화를 통해 지역 경제의 활성화를 도모하고, 외국인 관광객을 집중적으로 유치하여 문화관광 상품으로 발전(發展)하는 데 그 목적이 있다. 공식 행사, 문화 행사, 무술 및 경연 행사 등 무대 프로그램과 무술체험복합관, 건강체험관 등 상설 프로그램 그리고 시민 참여 및 경연 행사와 전시 프로그램을 통해 무술을 사랑하는 마니아뿐만 아니라 국내외 많은 관광객을 대상으로 무술의 대중화에 앞장서고자 한다.

♥ **세계의 전통 무술**

글꼴 : 굴림, 18pt, 하양
음영색 : 빨강

그림위치(내 PC₩문서₩ITQ₩Picture₩그림5.jpg, 문서에 포함)
자르기 기능 이용,
크기(40mm×40mm),
바깥 여백 왼쪽 : 2mm

　1. 한국의 전통 무술
　　가. 태권도 : 기술단련으로 자신의 신체를 방어하는 호신 무술
　　나. 합기도 : 합기를 사용해서 상대를 다루는 전통 무예
　2. 일본의 전통 무술
　　가. 주짓수 : 유술을 바탕으로 상대방을 제압하는 전통 무예
　　나. 가라테 : 신체 각 부위면을 이용해서 상대방을 공격하는 무술

♥ <u>무술축제 프로그램과 내용</u>

글꼴 : 굴림, 18pt, 밑줄, 강조점

구분		내용
무대 프로그램	문화 행사	사물놀이, 직지팝스 오케스트라, 택견 비보잉
	무술 및 경연 행사	키즈세계무예마스터쉽, 세계철인무사대회, 국제무예연무대회
상설 프로그램	무술 체험	특공무술 체험, 주짓수 배우기, 전자기록장비 체험
	세계무술퍼레이드	축제장 내 밴드, 공연, 무술팀 합동 행진

문단 번호 기능 사용
1수준 : 20pt, 오른쪽 정렬,
2수준 : 30pt, 오른쪽 정렬
줄 간격 : 180%

표 전체 글꼴 : 돋움, 10pt, 가운데 정렬
셀 배경(그러데이션) : 유형(가로),
시작색(하양), 끝색(노랑)

충주중원문화재단

글꼴 : 궁서, 24pt, 진하게
장평 105%, 오른쪽 정렬

ⓐ 충주 지역을 중심으로 형성되었던 정치, 경제, 사회 등 모든 상황을 포괄하는 개념

각주 구분선 : 5cm

쪽 번호 매기기
6으로 시작
vi

PART
04

실전 모의고사

정보기술자격(ITQ) 시험

한컴오피스

과목	코드	문제유형	시험시간	수험번호	성명
아래한글	1111	A	60분		

※ 실전 모의고사 01~10회 학습 시 답안 작성요령을 동일하게 적용하세요.

수험자 유의사항

- 수험자는 문제지를 받는 즉시 문제지와 **수험표상의 시험과목(프로그램)이 동일한지 반드시 확인**하여야 합니다.
- 파일명은 본인의 "수험번호-성명"으로 입력하여 답안폴더(내 PC\문서\ITQ)에 하나의 파일로 저장해야 하며, 답안문서 파일명이 "수험번호-성명"과 일치하지 않거나, 답안파일을 전송하지 않아 미제출로 처리될 경우 실격 처리합니다(예:12345678-홍길동.hwp).
- 답안 작성을 마치면 파일을 저장하고, '답안 전송' 버튼을 선택하여 감독위원 PC로 답안을 전송하십시오. 수험생 정보와 저장한 파일명이 다를 경우 전송되지 않으므로 주의하시기 바랍니다.
- 답안 작성 중에도 **주기적으로 저장하고, '답안 전송'**하여야 문제 발생을 줄일 수 있습니다. 작업한 내용을 저장하지 않고 전송할 경우 이전에 저장된 내용이 전송되니 이점 유의하시기 바랍니다.
- 답안문서는 지정된 경로 외의 다른 보조기억장치에 저장하는 경우, 지정된 시험 시간 외에 작성된 파일을 활용할 경우, 기타 통신수단(이메일, 메신저, 네트워크 등)을 이용하여 타인에게 전달 또는 외부 반출하는 경우는 부정 처리합니다.
- 시험 중 부주의 또는 고의로 시스템을 파손한 경우는 수험자가 변상해야 하며, 〈수험자 유의사항〉에 기재된 방법대로 이행하지 않아 생기는 불이익은 수험생 당사자의 책임임을 알려 드립니다.
- 문제의 조건은 한컴오피스 2020 버전으로 설정되어 있으니 유의하시기 바랍니다.
- 시험을 완료한 수험자는 답안파일이 전송되었는지 확인한 후 감독위원의 지시에 따라 문제지를 제출하고 퇴실합니다.

답안 작성요령

- **온라인 답안 작성 절차**
  수험자 등록 ⇒ 시험 시작 ⇒ 답안파일 저장 ⇒ 답안 전송 ⇒ 시험 종료
- **공통 부문**
  - 글꼴에 대한 기본설정은 함초롬바탕, 10포인트, 검정, 줄간격 160%, 양쪽정렬로 합니다.
  - 색상은 조건의 색을 적용하고 색의 구분이 안 될 경우에는 RGB 값을 적용하십시오.
    (빨강 255,0,0 / 파랑 0,0,255 / 노랑 255,255,0).
  - 각 문항에 주어진 ≪조건≫에 따라 작성하고 언급하지 않은 조건은 ≪출력형태≫와 같이 작성합니다.
  - 용지여백은 왼쪽·오른쪽 11㎜, 위쪽·아래쪽·머리말·꼬리말 10㎜, 제본 0㎜로 합니다.
  - 그림 삽입 문제의 경우 「내 PC\문서\ITQ\Picture」 폴더에서 지정된 파일을 선택하여 삽입하십시오.
  - 삽입한 그림은 반드시 문서에 포함하여 저장해야 합니다(미포함 시 감점 처리).
  - 각 항목은 지정된 페이지에 출력형태와 같이 정확히 작성하시기 바라며, 그렇지 않을 경우에 해당 항목은 0점 처리됩니다.
    ※ 페이지구분 : 1페이지 – 기능평가 I (문제번호 표시 : 1. 2.),
    　　　　　　　 2페이지 – 기능평가 II (문제번호 표시 : 3. 4.),
    　　　　　　　 3페이지 – 문서작성 능력평가
- **기능평가**
  - 문제와 ≪조건≫은 입력하지 않으며 문제번호와 답(≪출력형태≫)만 작성합니다.
  - 4번 문제는 묶기를 했을 경우 0점 처리됩니다.
- **문서작성 능력평가**
  - A4 용지(210㎜×297㎜) 1매 크기, 세로 서식 문서로 작성합니다.
  - ▢ 표시는 문서작성에 대한 지시사항이므로 작성하지 않습니다.

실전 모의고사 01회

수험번호 20251011   정답파일 PART 04 실전 모의고사₩실전01회_정답.hwp

▶합격 강의

기능평가 ❶   **150**점

01 다음의 ≪조건≫에 따라 스타일 기능을 적용하여 ≪출력형태≫와 같이 작성하시오.   50점

조건	(1) 스타일 이름 – security (2) 문단 모양 – 왼쪽 여백 : 15pt, 문단 아래 간격 : 10pt (3) 글자 모양 – 글꼴 : 한글(굴림)/영문(돋움), 크기 : 10pt, 장평 : 95%, 자간 : 5%
출력형태	SECON is a comprehensive security platform for business development through extensive network with distributors and retailers. 보안 엑스포는 아시아 최고 기업 간 보안 이벤트이자 아시아 유통업체, 설치업체, 소매업체와의 광범위한 네트워크를 통해 비즈니스를 개발하기 위한 종합 보안 플랫폼이다.

02 다음의 ≪조건≫에 따라 ≪출력형태≫와 같이 표와 차트를 작성하시오.   100점

표 조건	(1) 표 전체(표, 캡션) – 돋움, 10pt (2) 정렬 – 문자 : 가운데 정렬, 숫자 : 오른쪽 정렬 (3) 셀 배경(면색) : 노랑 (4) 한글의 계산 기능을 이용하여 빈칸에 합계를 구하고, 캡션 기능 사용할 것 (5) 선 모양은 ≪출력형태≫와 동일하게 처리할 것

세계 보안 엑스포 참관객 업종별 현황(단위 : 백 명)

구분	17회	18회	19회	20회	합계
보안장비	35.2	39.5	42.3	46.7	
사이버보안	32.7	36.4	43.9	42.8	
통신/데이터센터	29.3	32.6	31.5	33.1	
기타	6.1	7.2	6.8	7.6	✕

차트 조건	(1) 차트 데이터는 표 내용에서 횟수별 보안장비, 사이버보안, 통신/데이터센터의 값만 이용할 것 (2) 종류 – 〈묶은 세로 막대형〉으로 작업할 것 (3) 제목 – 굴림, 진하게, 12pt, 속성 – 채우기(하양), 테두리, 그림자(대각선 오른쪽 아래) (4) 제목 이외의 전체 글꼴 – 굴림, 보통, 10pt (5) 축제목과 범례는 ≪출력형태≫와 동일하게 처리할 것
출력형태	

03 다음 (1), (2)의 수식을 수식 편집기로 각각 입력하시오.   40점

출력형태	$(1) \quad G = 2\int_{\frac{a}{2}}^{a} \dfrac{b\sqrt{a^2 - x^2}}{a}dx \qquad (2) \quad Q = \dfrac{F}{h^2} = \dfrac{1}{3}\dfrac{N}{h^3}m\overline{g^2}$

04 다음의 ≪조건≫에 따라 ≪출력형태≫와 같이 문서를 작성하시오.   110점

조건	(1) 그리기 도구를 이용하여 작성하고, 모든 도형(글맵시, 지정된 그림 포함)을 ≪출력형태≫와 같이 작성하시오. (2) 도형의 면색은 지시사항이 없으면 색 없음을 제외하고 서로 다르게 임의로 지정하시오.

출력형태

그림위치(내 PC₩문서₩ITQ₩Picture₩로고1.jpg, 문서에 포함), 크기(40mm×30mm), 그림 효과(회색조)

하이퍼링크 : 문서작성 능력평가의 **"제21회 세계 보안 엑스포"** 제목에 설정한 책갈피로 이동

크기(50mm×50mm)

직사각형 그리기 : 크기(15mm×12mm), 면색(하양), 글꼴(궁서, 20pt), 정렬(수평 · 수직–가운데)

직사각형 그리기 : 크기(13mm×15mm), 면색(하양을 제외한 임의의 색)

글상자 : 크기(120mm×17mm), 면색(파랑), 글꼴(궁서, 22pt, 하양), 정렬(수평 · 수직–가운데)

글맵시 이용(육각형), 크기(50mm×35mm), 글꼴(돋움, 파랑)

크기(130mm×150mm)

글상자 이용, 선 종류(점선 또는 파선), 면색(색 없음), 글꼴(굴림, 18pt), 정렬(수평 · 수직–가운데)

세계 보안 엑스포 전시 품목

사회안전시스템

가   영상 보안 솔루션

나   홈랜드 시큐리티/산업 보안

다   사물인터넷 보안

글꼴 : 돋움, 18pt, 진하게, 가운데 정렬
책갈피 이름 : 보안기술   덧말 넣기

문단 첫 글자 장식 기능
글꼴 : 궁서, 면색 : 노랑

국제 전시회

머리말 기능
굴림, 10pt, 오른쪽 정렬

아시아 유일의 통합 보안 전시회
제21회 세계 보안 엑스포

각주

세계 보안 엑스포는 최신 영상 보안 솔루션, 출입 통제 솔루션, 바이오 인식 솔루션, IT 보안 솔루션까지 한 자리에서 만나볼 수 있으며, 새로운 융합보안의 방향을 제시하고 있다. 물리보안과 정보보안의 영역이 융합(融合)되면서 새로운 보안기술이 등장해 시장에 발표되고 있는 요즘 최근 떠오르고 있는 인공지능, 빅데이터, 사물인터넷Ⓐ과 ICT 등 최신 IT 환경 변화에 따른 보안 트렌드를 직접 경험하고 살펴볼 수 있다.

세계 보안 엑스포에서는 글로벌 네트워크를 통해 해외 기업 및 바이어를 유치하고 동시에 해외 바이어 상담회를 개최함으로써 참가기업의 해외 진출을 적극적으로 지원하며, 실질적인 구매와 상담의 장이 마련된다. 또한 보안, 안전에 대한 사회 각 분야 및 테마별 다양한 주제의 콘퍼런스를 통해 첨단 보안 솔루션의 새로운 기술과 트렌드, 구축사례에 대한 다양한 논의가 이루어지며, 실질적인 가이드라인을 제시한다. 국내 보안 솔루션에 많은 관심을 보이는 개발도상국들의 해당 공무원들이 직접 전시장에 나와 자국에 대한 투자와 수출에 관한 상담회를 개최해 국내 보안기업의 해외시장 진출에도 기여(寄與)하고 있다.

♣ **세계 보안 엑스포 전시회 개요**

글꼴 : 궁서, 18pt, 하양
음영색 : 빨강

가. 일시 및 장소
   ① 일시 : 2022년 4월 20일(수) - 22일(금)
   ② 장소 : 일산 킨텍스 제1전시장
나. 주최 및 후원
   ① 주최 : 행정안전부
   ② 후원 : 과학기술정보통신부, 산업통상자원부, 국토교통부 외 다수

그림위치(내 PC\문서\ITQ\Picture\그림4.jpg, 문서에 포함)
자르기 기능 이용,
크기(40mm×40mm),
바깥 여백 왼쪽 : 2mm

♣ <u>정보보호 솔루션 페어 콘퍼런스</u>

글꼴 : 궁서, 18pt, 밑줄, 강조점

구분	시간	내용	장소	비고
1일차	11:30-11:55	클라우드 데이터 보안	208호	10:40-11:00 (참가자 등록 확인, 강연자료 앱/패스워드 발급) 14:40-17:00 (전시 부스 관람)
1일차	13:25-13:50	표적형 악성코드 대응 기술, CDR	209호	
2일차	11:00-11:25	빅데이터 환경을 위한 효율적인 보안론	209호	
2일차	14:15-14:40	제로 트러스트 아키텍처의 완성	210호	
3일차	11:20-11:50	딥러닝 기반의 스마트 선별 관제 시스템	211호	

문단 번호 기능 사용
1수준 : 20pt, 오른쪽 정렬,
2수준 : 30pt, 오른쪽 정렬
줄 간격 : 180%

표 전체 글꼴 : 굴림, 10pt,
가운데 정렬
셀 배경(그러데이션) :
유형(가로),
시작색(하양), 끝색(노랑)

행정안전부

글꼴 : 돋움, 24pt, 진하게
장평 105%, 오른쪽 정렬

Ⓐ 인터넷을 기반으로 모든 사물을 연결하여 정보를 상호 소통하는 지능형 기술 및 서비스

각주 구분선 : 5cm

쪽 번호 매기기
5로 시작

⑤

기능평가 ❶ 　　　　　　　　　　　　　　　　　　　　　　　　　　　　　　　　**150**점

01 다음의 ≪조건≫에 따라 스타일 기능을 적용하여 ≪출력형태≫와 같이 작성하시오. 　50점

조건	(1) 스타일 이름 – fire (2) 문단 모양 – 왼쪽 여백 : 15pt, 문단 아래 간격 : 10pt (3) 글자 모양 – 글꼴 : 한글(굴림)/영문(돋움), 크기 : 10pt, 장평 : 95%, 자간 : 5%
출력형태	The Korean National Fire Agency is a state agency dedicated to fire prevention and emergency response to accidents or land disasters. 119 청소년단은 어려서부터 안전에 대한 의식과 습관을 기르고, 이웃을 먼저 생각하며 봉사하는 참사랑을 실천하는 선도조직으로 건강한 어린이 육성을 목표로 하고 있다.

02 다음의 ≪조건≫에 따라 ≪출력형태≫와 같이 표와 차트를 작성하시오. 　100점

표 조건	(1) 표 전체(표, 캡션) – 돋움, 10pt (2) 정렬 – 문자 : 가운데 정렬, 숫자 : 오른쪽 정렬　　(3) 셀 배경(면색) : 노랑 (4) 한글의 계산 기능을 이용하여 빈칸에 합계를 구하고, 캡션 기능 사용할 것 (5) 선 모양은 ≪출력형태≫와 동일하게 처리할 것

출력형태

소방산업 기업인증 현황(단위 : %)

구분	벤처기업	ISO 인증	이노비즈 기업	메인비즈 기업	합계
소방설계업	6.2	9.6	4.2	1.3	
소방공사업	2.7	13.4	2.9	4.3	
소방제조업	13.4	21.7	13.1	5.2	
소방관리업	3.1	9.2	3.9	0.4	

차트 조건	(1) 차트 데이터는 표 내용에서 구분별 소방설계업, 소방공사업, 소방제조업의 값만 이용할 것 (2) 종류 – 〈묶은 세로 막대형〉으로 작업할 것 (3) 제목 – 굴림, 진하게, 12pt, 속성 – 채우기(하양), 테두리, 그림자(대각선 오른쪽 아래) (4) 제목 이외의 전체 글꼴 – 굴림, 보통, 10pt (5) 축제목과 범례는 ≪출력형태≫와 동일하게 처리할 것

출력형태

03 다음 (1), (2)의 수식을 수식 편집기로 각각 입력하시오.   40점

출력형태	$(1)\ \ E = mr^2 = \dfrac{nc^2}{\sqrt{1 - \dfrac{r^2}{d^2}}}$ $(2)\ \ \displaystyle\sum_{k=1}^{n} = \dfrac{1}{6}n(n+a)(2n+1)$

04 다음의 ≪조건≫에 따라 ≪출력형태≫와 같이 문서를 작성하시오.   110점

조건	(1) 그리기 도구를 이용하여 작성하고, 모든 도형(글맵시, 지정된 그림 포함)을 ≪출력형태≫와 같이 작성하시오. (2) 도형의 면색은 지시사항이 없으면 색 없음을 제외하고 서로 다르게 임의로 지정하시오.
출력형태	

그림위치(내 PC\문서\ITQ\Picture\로고1.jpg, 문서에 포함), 크기(40mm×30mm), 그림 효과(회색조)

하이퍼링크 : 문서작성 능력평가의 **"봉사와 희생정신의 소방공무원"** 제목에 설정한 책갈피로 이동

직사각형 그리기 : 크기(10mm×12mm), 면색(하양), 글꼴(궁서, 20pt), 정렬(수평·수직-가운데)

직사각형 그리기 : 크기(13mm×15mm), 면색(하양을 제외한 임의의 색)

글상자 : 크기(120mm×17mm), 면색(파랑), 글꼴(궁서, 22pt, 하양), 정렬(수평·수직-가운데)

글맵시 이용(육각형), 크기(50mm×35mm), 글꼴(돋움, 파랑)

크기(120mm×140mm)

글상자 이용, 선 종류(점선 또는 파선), 면색(색 없음), 글꼴(굴림, 18pt), 정렬(수평·수직-가운데)

크기(130mm×150mm)

산불발견 시 행동요령

소방청

가   산림청, 소방서 등 신고하기

나   안전지대로 신속히 대피하기

다   바람을 등지고 엎드려 기다리기

글꼴 : 돋움, 18pt, 진하게, 가운데 정렬
책갈피 이름 : 소방　　덧말 넣기

문단 첫 글자 장식 기능
글꼴 : 궁서, 면색 : 노랑

화재 예방

머리말 기능
굴림, 10pt, 오른쪽 정렬

안전하고 행복한 대한민국
봉사와 희생정신의 소방공무원

각주

화 재 발생 시 출동하여 사고 진압 및 소화(消火) 업무를 담당하고 있는 소방공무원⒜은 화재 외에도 다양한 관련 분야에 걸쳐 임무를 수행하고 있다. 소방공무원의 업무는 소방과, 방호과, 119 소방서, 구조대, 구조구급과로 나뉘며 소방과는 다시 소방 업무와 장비 업무로 분류(分類)된다.

　소방 업무에는 소방서 기본 운영 계획에 관한 사항을 비롯하여 직원들의 신분, 상벌, 복무규율 및 교육 훈련, 보건, 복지, 후생에 관한 사항이 포함된다. 장비 업무로는 직원들의 보수 등 예산과 회계에 관한 사항과 소방 차량 및 장비 유지 관리에 관한 사항을 담당한다. 방호과에서는 화재 진압 대책과 각종 소방 현장 활동의 효율적 수행을 위한 안전 대책 등을 수립하며 소방 시설의 작동 상태 및 관리 상황에 대한 점검을 통해 사전 예방 활동을 펼친다. 119 소방서는 현장 활동 업무를 수행하는 부서로 화재 발생 시 신속한 진압 활동에 착수하며 응급 환자에 대한 구급 활동을 맡는다. 구조대는 각종 재난 사고 현장에서 인명을 구조하는 부서로 화재, 교통사고, 산악사고, 수난사고 등에 대응하기 위해 실력 향상 훈련 및 안전사고 예방 교육과 캠페인을 주관한다.

그림위치(내 PC\문서\ITQ\Picture\그림4.jpg, 문서에 포함)
자르기 기능 이용,
크기(40mm×40mm),
바깥 여백 왼쪽 : 2mm

♥ **소화기의 종류**

글꼴 : 궁서, 18pt, 하양
음영색 : 빨강

1. 물 소화기
　가. 쉽게 구할 수 있으며 가격이 저렴하며 안전함
　나. 겨울철에는 동결 방지 조치를 강구해야 함
2. 포말 소화기
　가. 공기와의 접촉을 차단하는 질식 효과
나. 수분의 증발에 의한 냉각 효과

♥ **소방시설업 종류 및 등록기준**

글꼴 : 궁서, 18pt, 밑줄, 강조점

시설업		정의	기술인력
설계업	전문	소방시설 공사계획, 설계도면, 설명서 등 서류 작성	소방기술사 1명, 보조 인력 1명
	일반		소방기술사 또는 소방설비기사 1명, 보조 인력 1명
공사업	일반	소방시설 신설, 증설, 개설, 안전 및 정비	소방기술사 또는 소방설비기사(해당 분야) 1명, 보조 인력 1명
감리업	전문	설계도서와 관계 법령에 따라 적법하게 시공되는지 확인	소방기술사 1명, 특급/고급/중급/초급 감리원 각 1명
	일반		특급 감리원 1명, 중급 이상 감리원 1명, 초급 감리원 1명

문단 번호 기능 사용
1수준 : 20pt, 오른쪽 정렬,
2수준 : 30pt, 오른쪽 정렬
줄 간격 : 180%

표 전체 글꼴 : 굴림, 10pt, 가운데 정렬
셀 배경(그러데이션) : 유형(가로),
시작색(하양), 끝색(노랑)

소방청

글꼴 : 돋움, 24pt, 진하게
장평 105%, 오른쪽 정렬

⒜ 국민의 보호를 직무로 하여 화재의 예방, 경계, 진압에 종사하는 공무원

각주 구분선 : 5cm

쪽 번호 매기기, 4로 시작　　④

실전 모의고사 03회

수험번호 20251013　　정답파일 PART 04 실전 모의고사\실전03회_정답.hwp

▶ 합격 강의

기능평가 ❶　　　　　　　　　　　　　　　　　　　　　　　　　　　**150**점

01 다음의 ≪조건≫에 따라 스타일 기능을 적용하여 ≪출력형태≫와 같이 작성하시오.　　50점

조건	(1) 스타일 이름 – dental (2) 문단 모양 – 왼쪽 여백 : 15pt, 문단 아래 간격 : 10pt (3) 글자 모양 – 한글(돋움)/영문(궁서), 크기 : 10pt, 장평 : 95%, 자간 : –5%
출력형태	The purpose of this study is to explore the socio-cultural function of dental system and suggest the improvement of limitations of the current system format. 네트워크 치과란 명칭과 브랜드를 공유하는 치과로서 브랜드를 통한 광고 효과와 체계적인 경영 시스템을 통한 비용 절감으로 기존 치과와 비교하여 강점을 지닌다.

02 다음의 ≪조건≫에 따라 ≪출력형태≫와 같이 표와 차트를 작성하시오.　　100점

표 조건	(1) 표 전체(표, 캡션) – 굴림, 10pt (2) 정렬 – 문자 : 가운데 정렬, 숫자 : 오른쪽 정렬　　　(3) 셀 배경(면색) : 노랑 (4) 한글의 계산 기능을 이용하여 빈칸에 합계를 구하고, 캡션 기능 사용할 것 (5) 선 모양은 ≪출력형태≫와 동일하게 처리할 것

출력형태	

보건소 구강사업 지난 실적 현황(단위 : 천 건)

구분	2013년	2015년	2017년	2019년	합계
구강 보건교육	58	81	72	84	
스케일링	7	4	5	5	
불소 도포	41	37	29	34	
불소양치 사업	66	86	186	129	

차트 조건	(1) 차트 데이터는 표 내용에서 연도별 구강 보건교육, 스케일링, 불소 도포의 값만 이용할 것 (2) 종류 – 〈묶은 세로 막대형〉으로 작업할 것 (3) 제목 – 돋움, 진하게, 12pt, 속성 – 채우기(하양), 테두리, 그림자(대각선 오른쪽 아래) (4) 제목 이외의 전체 글꼴 – 돋움, 보통, 10pt (5) 축제목과 범례는 ≪출력형태≫와 동일하게 처리할 것

출력형태	

03 다음 (1), (2)의 수식을 수식 편집기로 각각 입력하시오.   40점

출력형태	$(1)\ H_n = \dfrac{a(r^n - 1)}{r - 1} = \dfrac{a(1 + r^n)}{1 - r}(r \neq 1)$ $(2)\ L = \dfrac{m + M}{m}\ V = \dfrac{m + M}{m}\sqrt{2gh}$

04 다음의 ≪조건≫에 따라 ≪출력형태≫와 같이 문서를 작성하시오.   110점

조건	(1) 그리기 도구를 이용하여 작성하고, 모든 도형(글맵시, 지정된 그림 포함)을 ≪출력형태≫와 같이 작성하시오. (2) 도형의 면색은 지시사항이 없으면 색 없음을 제외하고 서로 다르게 임의로 지정하시오.

출력형태

글상자 : 크기(110mm×17mm),면색(빨강), 글꼴(굴림, 22pt, 하양), 정렬(수평 · 수직-가운데)

그림위치(내 PC₩문서₩ITQ₩Picture₩로고3.jpg, 문서에 포함), 크기(40mm×35mm), 그림 효과(회색조)

하이퍼링크 : 문서작성 능력평가의 **"웰빙의 시작, 자연치아 아끼기"** 제목에 설정한 책갈피로 이동

글맵시 이용 (아래쪽 리본 사각형), 크기(50mm×35mm), 글꼴(궁서, 파랑)

크기(65mm×50mm)

직사각형 그리기 : 크기(13mm×13mm), 면색(하양), 글꼴(궁서, 20pt), 정렬(수평 · 수직-가운데)

직사각형 그리기 : 크기(10mm×20mm), 면색(하양을 제외한 임의의 색)

글상자 이용, 선 종류(점선 또는 파선), 면색(색 없음), 글꼴(돋움, 18pt), 정렬(수평 · 수직-가운데)

크기(130mm×145mm)

글꼴 : 돋움, 18pt, 진하게, 가운데 정렬
책갈피 이름 : 치아   덧말 넣기

국민의 구강건강

문단 첫 글자 장식 기능
글꼴 : 굴림, 면색 : 노랑

치아의 날
웰빙의 시작, 자연치아 아끼기

머리말 기능
궁서, 10pt, 오른쪽 정렬

각주

세 살 버릇 여든까지 간다고 하는 속담은 어린이들의 나쁜 습관①을 교정하려 할 때 자주 언급된다. 어린이의 구강 습관은 오랫동안 치과 의사, 소아청소년과 의사, 심리학자, 많은 부모님의 관심거리가 되어왔다. 좋지 않은 습관이 장기간 지속되면 치아의 위치와 교합이 비정상적으로 될 수 있다. 어린이에게 해로운 습관을 일으키는 원인으로는 변형된 골 성장, 치아(齒牙)의 위치 부정, 잘못된 호흡 습관 등이 있다.

치아 관리는 젖니 때부터 해야 한다. 세 살 이하의 아이는 스스로 칫솔질을 할 수 없으므로 자신이 스스로 칫솔질을 할 수 있을 때까지 부모가 이를 닦아준다. 특히 어린이의 올바른 구강 건강관리를 위해서는 아이에게 이를 닦는 습관(習慣)을 지니게 하는 것이 가장 중요하다. 따라서 부모님들이 아이들에게 관심을 가지고 모범을 보여 주어야 한다. 우리나라 치과 진료의 지식과 기술 수준은 세계적 수준이나 실제로 국민 구강건강 수준은 보건복지부의 발표에 따르면 아직도 후진국 수준이다. 이는 실제로 우리나라의 대다수 치과 진료 과정에서 예방 진료를 무시한 채 치료와 재활만을 주력했기 때문이라고 생각되기에 정기적으로 치과에 내원하여 검사를 받고 필요한 예방치료를 받는 것이 중요하다.

♥ 어린이의 올바른 구강 건강관리

글꼴 : 궁서, 18pt, 하양
음영색 : 파랑

▶A. 어린이를 위한 맞춤 칫솔질
　　ⓐ 칫솔을 치아의 옆면에 대고 수평으로 좌우를 문지른다.
　　ⓑ 씹는 면과 안쪽 면도 닦고 끝으로 혀도 닦아야 한다.
　　B. 치아가 건강해지는 식습관
　　ⓐ 만 1세가 되면 모유나 우유병 사용은 자제한다.
▶　ⓑ 앞니가 나면 빠는 근육이 아닌, 씹는 근육을 사용하게 한다.

그림위치(내 PC₩문서₩ITQ₩
Picture₩그림5.jpg, 문서에 포함)
자르기 기능 이용,
크기(35mm×40mm),
바깥 여백 왼쪽 : 2mm

♥ 치아 구강보건 4가지 방법

글꼴 : 궁서, 18pt, 밑줄, 강조점

구분	충치 원인균 제거	치아를 강하게	충치 원인균 활동 제거	정기적 치과 검진
대처 방법	칫솔질은 충치를 예방	식후 설탕 섭취 금지	치아 홈 메우기	6개월 간격으로 치과 방문
	식후 양치는 필수	불소치약 사용		
	치실, 치간 칫솔 사용	3개월간 불소 겔 바르기	채소나 과일 먹기	조기 발견, 조기 치료
	치아랑 잇몸 경계 닦기	수돗물 불소는 안전		

문단 번호 기능 사용
1수준 : 20pt, 오른쪽 정렬,
2수준 : 30pt, 오른쪽 정렬
줄 간격 : 180%

표 전체 글꼴 : 돋움, 10pt, 가운데 정렬
셀 배경(그러데이션) : 유형(세로),
시작색(하양), 끝색(노랑)

대한예방치과학회

글꼴 : 굴림, 24pt, 진하게
장평 105%, 오른쪽 정렬

① 어떤 행위를 오랫동안 되풀이하는 과정에서 저절로 익혀진 행동 방식

각주 구분선 : 5cm

쪽 번호 매기기
5로 시작   ▶E

실전 모의고사 04회

수험번호 20251014   정답파일 PART 04 실전 모의고사\실전04회_정답.hwp

▶ 합격 강의

기능평가 ❶ 　　　　　　　　　　　　　　　　　　　　　　　　　　　**150**점

01 다음의 ≪조건≫에 따라 스타일 기능을 적용하여 ≪출력형태≫와 같이 작성하시오. 　　50점

조건	(1) 스타일 이름 – exhibition (2) 문단 모양 – 왼쪽 여백 : 15pt, 문단 아래 간격 : 10pt (3) 글자 모양 – 글꼴 : 한글(돋움)/영문(궁서), 크기 : 10pt, 장평 : 95%, 자간 : −5%
출력형태	As the only Korean photovoltaic exhibition representing Asia, the EXPO Solar 2022/PV Korea is to be held in KINTEX from June 29(Wed) to July 1(Fri), 2022. 아시아를 대표하는 대한민국 유일의 태양광 전문 전시회인 2022 세계 태양에너지 엑스포가 2022년 6월 29일부터 7월 1일까지 3일간의 일정으로 킨텍스에서 개최된다.

02 다음의 ≪조건≫에 따라 ≪출력형태≫와 같이 표와 차트를 작성하시오. 　　100점

표 조건	(1) 표 전체(표, 캡션) – 굴림, 10pt (2) 정렬 – 문자 : 가운데 정렬, 숫자 : 오른쪽 정렬　　(3) 셀 배경(면색) : 노랑 (4) 한글의 계산 기능을 이용하여 빈칸에 합계를 구하고, 캡션 기능 사용할 것 (5) 선 모양은 ≪출력형태≫와 동일하게 처리할 것

출력형태

직종별 참관객 현황(단위 : 백 명)

직종	1일차	2일차	3일차	4일차	합계
마케팅	14	15	16	17	
엔지니어링 관리	13	14	15	16	
연구 및 개발	9	10	12	13	
구매 관리	8	9	10	12	

차트 조건	(1) 차트 데이터는 표 내용에서 일차별 마케팅, 엔지니어링 관리, 연구 및 개발의 값만 이용할 것 (2) 종류 – 〈묶은 세로 막대형〉으로 작업할 것 (3) 제목 – 돋움, 진하게, 12pt, 속성 – 채우기(하양), 테두리, 그림자(대각선 오른쪽 아래) (4) 제목 이외의 전체 글꼴 – 돋움, 보통, 10pt (5) 축제목과 범례는 ≪출력형태≫와 동일하게 처리할 것

출력형태

03 다음 (1), (2)의 수식을 수식 편집기로 각각 입력하시오. **40**점

출력형태	$(1)\ f = \sqrt{\dfrac{2 \times 1.6 \times 10^{-7}}{9.1 \times 10^{-3}}} = 5.9 \times 10^{5}$ $\qquad$ $(2)\ \lambda = \dfrac{h}{mh} = \dfrac{h}{\sqrt{2me\,V}}$

04 다음의 ≪조건≫에 따라 ≪출력형태≫와 같이 문서를 작성하시오. **110**점

조건	(1) 그리기 도구를 이용하여 작성하고, 모든 도형(글맵시, 지정된 그림 포함)을 ≪출력형태≫와 같이 작성하시오. (2) 도형의 면색은 지시사항이 없으면 색 없음을 제외하고 서로 다르게 임의로 지정하시오.

출력형태

그림위치(내 PC\문서\ITQ\Picture\로고3.jpg, 문서에 포함), 크기(40mm×35mm), 그림 효과(회색조)

하이퍼링크 : 문서작성 능력평가의 **"2022 세계 태양에너지 엑스포"** 제목에 설정한 책갈피로 이동

직사각형 그리기 : 크기(13mm×13mm), 면색(하양), 글꼴(궁서, 20pt), 정렬(수평·수직-가운데)

직사각형 그리기 : 크기(10mm×17mm), 면색(하양을 제외한 임의의 색)

글상자 : 크기(100mm×17mm), 면색(빨강), 글꼴(굴림, 22pt, 하양), 정렬(수평·수직-가운데)

크기(110mm×50mm)

글맵시 이용(육각형), 크기(50mm×35mm), 글꼴(궁서, 파랑)

글상자 이용, 선 종류(점선 또는 파선), 면색(색 없음), 글꼴(돋움, 18pt), 정렬(수평·수직-가운데)

크기(130mm×145mm)

태양광 전문 전시회

신재생에너지

가

나

다

태양광산업 최신 트렌드 제공

유관 전시회 동시 개최

고객 데이터베이스 구축

글꼴 : 돋움, 18pt, 진하게, 가운데 정렬
책갈피 이름 : 태양광　　덧말 넣기

문단 첫 글자 장식 기능
글꼴 : 굴림, 면색 : 노랑

태양광 전문 전시회

머리말 기능
궁서, 10pt, 오른쪽 정렬

친환경 에너지
2022 세계 태양에너지 엑스포

각주

신 기후체제 출범과 함께 온실가스감축, 기후변화 적응 기술이 그 핵심으로 떠오르면서 우리나라에서는 친환경에너지 비중 확대를 위해 태양광, 풍력 등의 신재생에너지 보급 확대를 위한 계획을 수립하여 추진(推進) 중이다. 아시아는 최근 중국과 일본을 비롯해 동남아시아의 태양광 발전 산업 지원을 위한 FIT 및 RPSⒶ 정책 강화로 세계의 관심이 집중되고 있다. 아시아 태양광 산업의 허브이자 아시아 태양광 시장진출의 게이트웨이로 충실한 역할을 수행해 온 세계 태양에너지 엑스포는 글로벌 추세의 변화와 국내 태양광 시장 확대에 맞춰 공급자와 사용자가 소통할 수 있는 장이 되고 있다.

　태양광 산업의 발전과 온실가스 감축을 위한 솔루션을 제시하는 세계 태양에너지 엑스포는 전 세계 국제전시회 인증기관인 국제전시연합회와 산업통상자원부의 우수 전시회 국제 인증 획득(獲得)으로 해외 출품기업체와 해외 바이어 참관객 수에서 국제 전시회로서의 자격과 요건을 확보해가고 있다. 올해로 13회째 열리는 2022 세계 태양에너지 엑스포에서는 출품기업과 참관객에게 태양광 관련 최신 기술 정보와 시공 및 설계 관련 다양한 기술 노하우를 무료로 전수할 수 있는 국제 PV 월드 포럼이 동시에 개최된다.

그림위치(내 PC\문서\ITQ
\Picture\그림4.jpg,
문서에 포함)
자르기 기능 이용,
크기(40mm×35mm),
바깥 여백 왼쪽 : 2mm

※ 2022 세계 태양에너지 엑스포 개요

글꼴 : 궁서, 18pt, 하양
음영색 : 파랑

- ▶1) 일시 및 장소
  - 가) 일시 : 2022년 6월 29일(수) ~ 7월 1일(금) 10:00 ~ 17:00
  - 나) 장소 : 킨텍스 제1전시장
  - 2) 주관 및 후원
  - 가) 주관 : 녹색에너지연구원, 한국태양에너지학회 등
- ▶ 나) 후원 : 한국에너지기술평가원, 한국신재생에너지협회 등

※ 전시장 구성 및 동시 개최 행사

글꼴 : 궁서, 18pt, 밑줄, 강조점

	전시장 구성	동시 개최 행사	전시 품목
상담관	해외 바이어 수출 및 구매	2022 국제 PV 월드 포럼	태양광 셀과 모듈, 소재 및 부품
	태양광 사업 금융지원	태양광 시장 동향 및 수출 전략 세미나	
홍보관	지자체 태양광 기업	태양광 산업 지원 정책 및 발전 사업 설명회	전력 및 발전설비
	솔라 리빙관, 에너지 저장 시스템	해외 바이어 초청 수출 및 구매 상담회	

문단 번호 기능 사용
1수준 : 20pt, 오른쪽 정렬,
2수준 : 30pt, 오른쪽 정렬
줄 간격 : 180%

표 전체 글꼴 :
돋움, 10pt, 가운데 정렬
셀 배경(그러데이션) :
유형(세로),
시작색(하양), 끝색(노랑)

엑스포솔라전시사무국

글꼴 : 굴림, 24pt, 진하게
장평 105%, 오른쪽 정렬

Ⓐ 대규모 발전 사업자에게 신재생에너지를 이용한 발전을 의무화한 제도

각주 구분선 : 5cm

쪽 번호 매기기
5로 시작　　▶⑤

기능평가 ❶   150점

01 다음의 ≪조건≫에 따라 스타일 기능을 적용하여 ≪출력형태≫와 같이 작성하시오.   50점

조건	(1) 스타일 이름 – heritage (2) 문단 모양 – 왼쪽 여백 : 15pt, 문단 아래 간격 : 10pt (3) 글자 모양 – 글꼴 : 한글(굴림)/영문(돋움), 크기 : 10pt, 장평 : 95%, 자간 : 5%
출력형태	Korea is a powerhouse of documentary heritage, and has the world's oldest woodblock print, Mugu jeonggwang dae daranigyeong, and the first metal movable type, Jikji. 우리나라는 세계적으로 인정받는 기록유산의 강국으로 세계에서 가장 오래된 목판 인쇄물인 무구정광대다라니경과 최초의 금속활자본인 직지를 보유한 나라이다.

02 다음의 ≪조건≫에 따라 ≪출력형태≫와 같이 표와 차트를 작성하시오.   100점

표 조건	(1) 표 전체(표, 캡션) – 굴림, 10pt (2) 정렬 – 문자 : 가운데 정렬, 숫자 : 오른쪽 정렬 (3) 셀 배경(면색) : 노랑 (4) 한글의 계산 기능을 이용하여 빈칸에 평균(소수점 두 자리)을 구하고, 캡션 기능 사용할 것 (5) 선 모양은 ≪출력형태≫와 동일하게 처리할 것

출력형태	

조선왕조실록 유네스코 신청 현황(단위 : 책 수)

구분	세종	성종	중종	선조	평균
정족산본	154	150	102	125	
태백산본	67	47	53	116	
오대산본	0	9	50	15	
권수	163	297	105	221	

차트 조건	(1) 차트 데이터는 표 내용에서 구분별 정족산본, 태백산본, 오대산본의 값만 이용할 것 (2) 종류 – 〈묶은 세로 막대형〉으로 작업할 것 (3) 제목 – 궁서, 진하게, 12pt, 속성 – 채우기(하양), 테두리, 그림자(아래쪽) (4) 제목 이외의 전체 글꼴 – 궁서, 보통, 10pt (5) 축제목과 범례는 ≪출력형태≫와 동일하게 처리할 것

출력형태	

03 다음 (1), (2)의 수식을 수식 편집기로 각각 입력하시오. 40점

출력형태	$(1)\ \dfrac{F}{h_2} = t_2 k_1 \dfrac{t_1}{d} = 2 \times 10^{-7} \dfrac{t_1 t_2}{d}$ $\qquad$ $(2)\ \displaystyle\int_a^b A(x-a)(x-b)dx = -\dfrac{A}{6}(b-a)^3$

04 다음의 ≪조건≫에 따라 ≪출력형태≫와 같이 문서를 작성하시오. 110점

조건	(1) 그리기 도구를 이용하여 작성하고, 모든 도형(글맵시, 지정된 그림 포함)을 ≪출력형태≫와 같이 작성하시오.
	(2) 도형의 면색은 지시사항이 없으면 색 없음을 제외하고 서로 다르게 임의로 지정하시오.

출력형태

글상자 : 크기(110mm× 17mm), 면색(파랑), 글꼴(굴림, 22pt, 하양), 정렬(수평 · 수직-가운데)

그림위치(내 PC\문서\ITQ\Picture\로고 1.jpg, 문서에 포함), 크기(40mm×30mm), 그림 효과(회색조)

하이퍼링크 : 문서작성 능력평가의 **"유네스코 세계유산 등재"** 제목에 설정한 책갈피로 이동

글맵시 이용 (갈매기형 수장), 크기(50mm×30mm), 글꼴(돋움, 빨강)

크기(90mm×50mm)

직사각형 그리기 : 크기(13mm×13mm), 면색(하양), 글꼴(굴림, 20pt), 정렬(수평 · 수직-가운데)

직사각형 그리기 : 크기(8mm×10mm), 면색(하양을 제외한 임의의 색)

글상자 이용, 선 종류(점선 또는 파선), 면색(색 없음), 글꼴(궁서, 18pt), 정렬(수평 · 수직-가운데)

크기(130mm×145mm)

세계유산의 정의 및 유형

유네스코

1 선조로부터 물려받은 자산

2 후손에게 물려주어야 할 자산

3 대체 불가능한 삶과 영감

글꼴 : 궁서, 18pt, 진하게, 가운데 정렬
책갈피 이름 : 유산　　덧말 넣기

세계자연유산

문단 첫 글자 장식 기능
글꼴 : 돋움, 면색 : 노랑

머리말 기능
굴림, 10pt, 오른쪽 정렬

한국의 갯벌
유네스코 세계유산 등재

각주

제 44차 유네스코Ⓐ 세계유산위원회는 한국의 갯벌을 세계유산목록에 등재(登載)할 것을
결정하였다. 한국의 갯벌은 서천 갯벌(충남 서천), 고창 갯벌(전북 고창), 신안 갯벌(전
남 신안), 보성-순천 갯벌(전남 보성, 순천) 등 5개 지자체에 걸쳐 있는 4개 갯벌로 구성되어
있다. 세계유산위원회 자문기구인 국제자연보존연맹은 애초 한국의 갯벌에 대해 유산구역 등이
충분하지 않다는 이유로 반려를 권고하였으나, 세계유산센터 및 세계유산위원국을 대상으로 적
극적인 외교교섭 활동을 전개한 결과, 등재가 성공리에 이루어졌다. 당시 실시된 등재 논의에
서 세계유산위원국인 키르기스스탄이 제안한 등재 수정안에 대해 총 21개 위원국 중 13개국이
공동서명하고, 17개국이 지지 발언하여 의견일치로 등재 결정되었다.

이번 한국(韓國) 갯벌의 세계유산 등재는 현재 우리나라가 옵서버인 점, 온라인 회의로 현장 교섭이 불가한 점 등
여러 제약 조건 속에서도 외교부와 문화재청 등 관계부처 간 전략적으로 긴밀히 협업하여 일구어낸 성과로 평가된다.
특히 외교부는 문화재청, 관련 지자체, 전문가들과 등재 추진 전략을 협의하고, 주 유네스코 대표부를 중심으로 21개
위원국 주재 공관들의 전방위 지지 교섭을 총괄하면서 성공적인 등재에 이바지하였다.

그림위치(내 PC\문
서\ITQ\Picture\그림
4.jpg, 문서에 포함)
자르기 기능 이용,
크기(35mm×40mm),
바깥 여백 왼쪽 : 2mm

♣ 등재 기준 부합성의 지형지질 특징

글꼴 : 돋움, 18pt, 하양
음영색 : 빨강

가. 두꺼운 펄 갯벌 퇴적층
　㉮ 육성 기원 퇴적물의 지속적이고 안정적인 공급
　㉯ 암석 섬에 의한 보호와 수직부가 퇴적으로 25m 이상 형성
나. 지질 다양성과 계절변화
　㉮ 집중 강우와 강한 계절풍으로 외부 침식, 내부 퇴적
　㉯ 모래갯벌, 혼합갯벌, 암반, 사구, 특이 퇴적 등

♣ *한국 갯벌의 특징*

글꼴 : 돋움, 18pt, 기울임, 강조점

구분	지역별 특징	유형	비고
서천 갯벌	펄, 모래, 혼합갯벌, 사구	하구형	사취 발달
고창 갯벌	뚜렷한 계절변화로 인한 특이 쉐니어 형성	개방형	점토, 진흙
신안 갯벌	해빈 사구, 사취 등 모래 자갈 선형체	다도해형	40m 퇴적층
보성, 순천 갯벌	펄 갯벌 및 넓은 염습지 보유	반폐쇄형	염분 변화
쉐니어 : 모래 크기의 입자들로 구성되며 점토나 진흙 위에 형성된 해빈 언덕			

문단 번호 기능 사용
1수준 : 20pt, 오른쪽 정렬,
2수준 : 30pt, 오른쪽 정렬
줄 간격 : 180%

표 전체 글꼴 :
돋움, 10pt, 가운데 정렬
셀 배경(그러데이션) :
유형(가운데에서),
시작색(하양), 끝색(노랑)

세계유산위원회

글꼴 : 궁서, 24pt, 진하게
장평 105%, 오른쪽 정렬

Ⓐ 교육, 과학, 문화를 통하여 국가 간의 협력을 촉진하기 위한 역할을 하는 국제연합기구

각주 구분선 : 5cm

쪽 번호 매기기
7로 시작　　⑦

실전 모의고사 06회

수험번호 20251016 　 **정답파일** PART 04 실전 모의고사\실전06회_정답.hwp

▶ 합격 강의

기능평가 ❶   **150**점

01 다음의 ≪조건≫에 따라 스타일 기능을 적용하여 ≪출력형태≫와 같이 작성하시오.   **50**점

조건	(1) 스타일 이름 – trade (2) 문단 모양 – 왼쪽 여백 : 15pt, 문단 아래 간격 : 10pt (3) 글자 모양 – 글꼴 : 한글(굴림)/영문(돋움), 크기 : 10pt, 장평 : 95%, 자간 : 5%
출력형태	The WFTO is the global community of social enterprises that fully practice Fair Trade. Spread across 76 countries, all members exist to serve marginalised communities. 공정무역은 대화와 투명성, 생산자와 소비자의 상호존중에 기반하여 개발도상국 생산자와 노동자를 보호하며 공정한 가격을 지불받도록 하는 사회 운동이다.

02 다음의 ≪조건≫에 따라 ≪출력형태≫와 같이 표와 차트를 작성하시오.   **100**점

표 조건	(1) 표 전체(표, 캡션) – 굴림, 10pt (2) 정렬 – 문자 : 가운데 정렬, 숫자 : 오른쪽 정렬 　　(3) 셀 배경(면색) : 노랑 (4) 한글의 계산 기능을 이용하여 빈칸에 평균(소수점 두 자리)을 구하고, 캡션 기능 사용할 것 (5) 선 모양은 ≪출력형태≫와 동일하게 처리할 것

출력형태

아름다운 가게 정기수익 수도권 나눔 현황(단위 : 십만 원)

구분	교육지원비	의료비	주거개선비	학비	평균
남양주	74	89	23	40	
부천	103	143	132	25	
성남	234	150	115	36	
하남	68	65	25	41	

차트 조건	(1) 차트 데이터는 표 내용에서 구분별 남양주, 부천, 성남의 값만 이용할 것 (2) 종류 – 〈묶은 세로 막대형〉으로 작업할 것 (3) 제목 – 궁서, 진하게, 12pt, 속성 – 채우기(하양), 테두리, 그림자(아래쪽) (4) 제목 이외의 전체 글꼴 – 궁서, 보통, 10pt (5) 축제목과 범례는 ≪출력형태≫와 동일하게 처리할 것

출력형태

03 다음 (1), (2)의 수식을 수식 편집기로 각각 입력하시오.   40점

출력형태	$(1)\quad \dfrac{k_x}{2h}\times(-2mk_x)=-\dfrac{mk^2}{h}$ $(2)\quad \displaystyle\int_a^b xf(x)dx=\dfrac{1}{b-a}\int_a^b xdx=\dfrac{a+b}{2}$

04 다음의 ≪조건≫에 따라 ≪출력형태≫와 같이 문서를 작성하시오.   110점

조건	(1) 그리기 도구를 이용하여 작성하고, 모든 도형(글맵시, 지정된 그림 포함)을 ≪출력형태≫와 같이 작성하시오. (2) 도형의 면색은 지시사항이 없으면 색 없음을 제외하고 서로 다르게 임의로 지정하시오.

출력형태

글상자 : 크기(90mm×17mm), 면색(파랑), 글꼴(굴림, 22pt, 하양), 정렬(수평·수직—가운데)

그림위치(내 PC₩문서₩ITQ₩Picture₩로고1.jpg, 문서에 포함), 크기(40mm×30mm), 그림 효과(회색조)

하이퍼링크 : 문서작성 능력평가의 **"세계의 농부들 공정무역과 손잡다"** 제목에 설정한 책갈피로 이동

글맵시 이용(나비넥타이), 크기(50mm×30mm), 글꼴(돋움, 빨강)

크기(120mm×50mm)

직사각형 그리기 : 크기(13mm×13mm), 면색(하양), 글꼴(굴림, 20pt), 정렬(수평·수직—가운데)

직사각형 그리기 : 크기(8mm×15mm), 면색(하양을 제외한 임의의 색)

글상자 이용, 선 종류(점선 또는 파선), 면색(색 없음), 글꼴(궁서, 18pt), 정렬(수평·수직—가운데)

크기(130mm×145mm)

공정무역의 원칙

공정무역

1   공정한 가격 지불

2   양호한 노동조건 보장

3   기후변화와 환경보호

글꼴 : 궁서, 18pt, 진하게, 가운데 정렬
책갈피 이름 : 공정무역　　덧말 넣기

문단 첫 글자 장식 기능
글꼴 : 돋움, 면색 : 노랑

아름다운 가게

머리말 기능
굴림, 10pt, 오른쪽 정렬

불평등 해소
세계의 농부들 공정무역과 손잡다

각주

매년 5월 둘째 주 토요일은 공정무역을 널리 알리기 위해 전 세계적으로 동시에 진행되는 공정무역 캠페인의 날로 세계의 생산품들이 모두 공정한 대가를 받고 판매되기를 기원하는 날이다. 공정무역은 경제발전의 혜택(惠澤)으로부터 소외된 저개발국가ⓐ에서 생산자와 노동자들에게 더 나은 거래 조건을 제공하고 그들의 권리를 보호함으로써 지속 가능한 발전에 이바지한다. 공정무역은 대화와 투명성, 존중에 기초하여 국제 무역에서 더욱 공평하고 정의로운 관계를 추구하는 거래 기반의 동반자 관계이다. 또한 공정무역은 가격을 고정하기보다는 최저 가격을 두어서 시장가격이 이 수준 이하로 떨어질 때도 농민들이 지속 가능한 생산을 위한 비용을 지불받을 수 있도록 보장해준다.

　유럽과 북미의 경우 1950년대에 공정무역 운동을 시작하였으며 우리나라는 '아름다운 가게'가 2003년에 아시아의 수공예품을 수입(輸入)하여 판매하기 시작하고 2006년에 네팔의 커피를 수입, 판매하며 공정무역 커피 브랜드 '히말라야의 선물'을 런칭하였다. 아름다운 가게뿐 아니라 2008년부터 공정무역단체들을 중심으로 세계 공정무역의 날 한국 페스티벌을 개최하고 있다.

그림위치(내 PC\문서\ITQ\Picture\그림4.jpg, 문서에 포함)
자르기 기능 이용,
크기(35mm×40mm),
바깥 여백 왼쪽 : 2mm

♠ 공정무역 키워드

글꼴 : 돋움, 18pt, 하양
음영색 : 빨강

- i. 공정한 가격
  - a. 생산비용, 생활비용 등 공정무역 기준을 충족시키는 비용 포함
  - b. 최종 가격은 시장가격과 공정가격 중에 높은 쪽으로 결정
- ii. 공정한 임금
  - a. 노동자가 자유롭게 협상에 참여하여 상호 합의하여 결정
  - b. 공정한 임금을 위한 지역 생활 임금 고려

♠ *공정무역 다큐멘터리 영상 자료*

글꼴 : 돋움, 18pt, 기울임, 강조점

국가	작품명	제작 단체	연도
일본	패션이 빈곤을 구한다	동경TV	2004년
	아이에게 공정무역을 알리다	NHK	2004년
	종이의 천으로 희망을 허락한다	네팔리 바자로	2006년
한국	웃는 얼굴로 거래하다	울림기획	2006년
	이영돈 PD의 소비자 고발 37회	KBS	2008년

문단 번호 기능 사용
1수준 : 20pt, 오른쪽 정렬,
2수준 : 30pt, 오른쪽 정렬
줄 간격 : 180%

표 전체 글꼴 :
굴림, 10pt, 가운데 정렬
셀 배경(그러데이션) :
유형(가운데에서),
시작색(하양), 끝색(노랑)

한국공정무역협의회

글꼴 : 궁서, 24pt, 진하게
장평 105%, 오른쪽 정렬

ⓐ 산업 발달이 거의 이루어지지 않은, 농업과 같은 1차 산업이 주요 산업인 국가

각주 구분선 : 5cm

쪽 번호 매기기
7로 시작　　G

수험번호 20251017 정답파일 PART 04 실전 모의고사₩실전07회_정답.hwp

합격 강의

기능평가 ① 150점

01 다음의 ≪조건≫에 따라 스타일 기능을 적용하여 ≪출력형태≫와 같이 작성하시오. 50점

조건	(1) 스타일 이름 – data (2) 문단 모양 – 왼쪽 여백 : 15pt, 문단 아래 간격 : 10pt (3) 글자 모양 – 글꼴 : 한글(궁서)/영문(돋움), 크기 : 10pt, 장평 : 105%, 자간 : –5%
출력형태	Open Government Data is data that is generated from information and material provided by all public sector organizations. All data owned by these organizations is shared among the public. 공공데이터는 데이터베이스 전자화된 파일 등 공공기관이 법령 등에서 정하는 목적을 위하여 생성 또는 취득하여 관리하는 전자적 방식으로 처리된 자료 또는 정보이다.

02 다음의 ≪조건≫에 따라 ≪출력형태≫와 같이 표와 차트를 작성하시오. 100점

표 조건	(1) 표 전체(표, 캡션) – 굴림, 10pt (2) 정렬 – 문자 : 가운데 정렬, 숫자 : 오른쪽 정렬 (3) 셀 배경(면색) : 노랑 (4) 한글의 계산 기능을 이용하여 빈칸에 합계를 구하고, 캡션 기능 사용할 것 (5) 선 모양은 ≪출력형태≫와 동일하게 처리할 것

출력형태

업종별 공공데이터 확보 방법(단위 : 건)

구분	제조	도/소매	기술 서비스	정보 서비스	합계
다운로드	93	39	91	184	
API 연동	68	45	94	175	
이메일 이용	17	5	16	26	
기타	5	3	6	15	✕

차트 조건	(1) 차트 데이터는 표 내용에서 구분별 다운로드, API 연동, 이메일 이용의 값만 이용할 것 (2) 종류 – 〈묶은 세로 막대형〉으로 작업할 것 (3) 제목 – 돋움, 진하게, 12pt, 속성 – 채우기(하양), 테두리, 그림자(대각선 오른쪽 아래) (4) 제목 이외의 전체 글꼴 – 돋움, 보통, 10pt (5) 축제목과 범례는 ≪출력형태≫와 동일하게 처리할 것

출력형태

03 다음 (1), (2)의 수식을 수식 편집기로 각각 입력하시오.   40점

출력형태	
(1) $\vec{F} = -\dfrac{4\pi^2 m}{T^2} + \dfrac{m}{T^3}$	(2) $\overline{AB} = \sqrt{(x_2 - x_1)^2 + (y_2 - y_1)^2}$

04 다음의 ≪조건≫에 따라 ≪출력형태≫와 같이 문서를 작성하시오.   110점

조건	(1) 그리기 도구를 이용하여 작성하고, 모든 도형(글맵시, 지정된 그림 포함)을 ≪출력형태≫와 같이 작성하시오.
	(2) 도형의 면색은 지시사항이 없으면 색 없음을 제외하고 서로 다르게 임의로 지정하시오.

출력형태

그림위치(내 PC₩문서₩ITQ₩Picture₩로고3.jpg, 문서에 포함), 크기(40mm×40mm), 그림 효과(회색조)

하이퍼링크 : 문서작성 능력평가의 **"공공, 민간 공공데이터 허브"** 제목에 설정한 책갈피로 이동

글상자 : 크기(110mm×17mm), 면색(빨강), 글꼴(돋움, 22pt, 하양), 정렬(수평 · 수직−가운데)

글맵시 이용(육각형), 크기(50mm×40mm), 글꼴(굴림, 파랑)

크기(50mm×70mm)

직사각형 그리기 : 크기(12mm×12mm), 면색(하양), 글꼴(궁서, 20pt), 정렬(수평 · 수직−가운데)

직사각형 그리기 : 크기(10mm×8mm), 면색(하양을 제외한 임의의 색)

글상자 이용, 선 종류(점선 또는 파선), 면색(색 없음), 글꼴(궁서, 18pt), 정렬(수평 · 수직−가운데)

크기(110mm×75mm)

공공데이터 활용방법

오픈API

1 오픈 API 활용신청
2 오픈 API 활용승인
3 오픈 API 인증키 발급

글꼴 : 궁서, 18pt, 진하게, 가운데 정렬
책갈피 이름 : 데이터　덧말 넣기

문단 첫 글자 장식 기능
글꼴 : 궁서, 면색 : 노랑

공공데이터포털
공공, 민간 공공데이터 허브

각주

공공데이터
머리말 기능
돋움, 10pt, 오른쪽 정렬

공공데이터포털은 공공기관이 생성 또는 취득하여 관리하는 공공데이터를 한 곳에서 제공하는 통합 창구이다. 포털에서는 국민이 쉽고 편리하게 공공데이터ⓐ를 이용할 수 있도록 파일데이터, 오픈 API, 시각화 등 다양한 방식으로 제공하고 있으며 누구라도 쉽고 편리한 검색을 통해 원하는 공공데이터를 빠르고 정확하게 찾을 수 있다.

공공데이터포털을 통해 제공 중인 공공데이터는 별도의 신청 절차 없이 이용 가능하며, 제공되는 공공데이터의 목록은 각 공공기관의 홈페이지에서도 확인할 수 있다. 공공데이터포털에서 제공하고 있지 않은 데이터의 경우 제공신청을 통해 이용할 수 있다. 다만, 공공데이터법 제17조 상의 제외대상 정보가 포함된 경우 제공이 거부될 수 있으며, 이 경우 공공데이터 제공 분쟁 조정위원회에 조정을 신청할 수 있다. 공공데이터의 이용 허락범위에 관련하여 '이용 허락범위 제한 없음'일 경우 자유로운 이용이 가능(可能)하다. 공공기관이 보유한 공공데이터는 최근 들어 민간 공개를 통한 다양한 정보서비스 발굴 및 제공 등 국가정보화를 선진화하는 중요한 자원(資源)으로 인식되고 있으므로 품질관리를 통해 원활한 활용을 하도록 해야 한다.

그림위치(내 PC₩문서₩ITQ₩Picture₩그림4.jpg, 문서에 포함)
자르기 기능 이용,
크기(40mm×40mm),
바깥 여백 왼쪽 : 2mm

♣ 공공데이터 활용지원센터의 업무와 조직

A. 공공데이터 활용지원센터 업무
　ⓐ 제공대상 공공데이터 목록공표 지원 및 목록정보서비스
　ⓑ 공공데이터의 품질진단, 평가 및 개선의 지원
B. 공공데이터 활용지원센터 조직
　ⓐ 공공데이터 기획팀과 개방팀
　ⓑ 공공데이터 품질팀과 데이터기반 행정팀

글꼴 : 굴림, 18pt, 흰색
음영색 : 파랑

♣ *공공데이터의 활용사례*

글꼴 : 굴림, 18pt, 기울임, 강조점

구분	사례	개발유형	제공기관
공공행정	실시간 전력 수급 현황	웹 사이트	한국수력원자력
문화관광	하이 캠프-전국 캠핑장 정보	모바일앱	한국관광공사
	전주시 문화 관광정보 서비스		전라북도 전주시
보건의료	이 병원 어디야		건강보험심사평가원
국토관리	전국 아파트 매매 실거래가 정보	웹 사이트	국토교통부

문단 번호 기능 사용
1수준 : 20pt, 오른쪽 정렬,
2수준 : 30pt, 오른쪽 정렬
줄 간격 : 180%

표 전체 글꼴 :
돋움, 10pt, 가운데 정렬
셀 배경(그러데이션) :
유형(가로),
시작색(하양), 끝색(노랑)

공공데이터포털

글꼴 : 굴림, 24pt, 진하게
장평 120%, 오른쪽 정렬

ⓐ 설치 및 운영 근거 : 공공데이터의 제공 및 이용 활성화에 관한 법률 제21조

각주 구분선 : 5cm

쪽 번호 매기기
4로 시작

④

실전 모의고사 08회

수험번호 20251018   정답파일 PART 04 실전 모의고사₩실전08회_정답.hwp

합격강의

기능평가 ❶   **150**점

01 다음의 ≪조건≫에 따라 스타일 기능을 적용하여 ≪출력형태≫와 같이 작성하시오.   50점

조건	(1) 스타일 이름 – trade (2) 문단 모양 – 왼쪽 여백 : 15pt, 문단 아래 간격 : 10pt (3) 글자 모양 – 글꼴 : 한글(궁서)/영문(돋움), 크기 : 10pt, 장평 : 105%, 자간 : –5%
출력형태	Trade exists due to the specialization and division of labor, in which most people concentrate on a small aspect of production, but use that output in trades for other products and needs. 초창기의 무역은 서로의 산물을 교환하는 것에 국한되었으나, 넓은 뜻의 무역은 단순한 상품의 교환같아 보이는 무역뿐만 아니라, 기술 및 용역, 자본의 이동까지도 포함한다.

02 다음의 ≪조건≫에 따라 ≪출력형태≫와 같이 표와 차트를 작성하시오.   100점

표 조건	(1) 표 전체(표, 캡션) – 굴림, 10pt (2) 정렬 – 문자 : 가운데 정렬, 숫자 : 오른쪽 정렬 (3) 셀 배경(면색) : 노랑 (4) 한글의 계산 기능을 이용하여 빈칸에 평균(소수점 두 자리)을 구하고, 캡션 기능 사용할 것 (5) 선 모양은 ≪출력형태≫와 동일하게 처리할 것

출력형태

골프용품 국가별 수입 현황(단위 : 백만 달러)

구분	2018년	2019년	2020년	2021년	평균
중국	68	80	91	118	
미국	50	67	82	96	
태국	41	47	48	43	
대만	21	23	23	27	

차트 조건	(1) 차트 데이터는 표 내용에서 연도별 중국, 미국, 태국의 값만 이용할 것 (2) 종류 – 〈묶은 세로 막대형〉으로 작업할 것 (3) 제목 – 돋움, 진하게, 12pt, 속성 – 채우기(하양), 테두리, 그림자(대각선 오른쪽 아래) (4) 제목 이외의 전체 글꼴 – 돋움, 보통, 10pt (5) 축제목과 범례는 ≪출력형태≫와 동일하게 처리할 것

출력형태

03 다음 (1), (2)의 수식을 수식 편집기로 각각 입력하시오.   40점

출력형태	
(1) $\dfrac{V_2}{V_1} = \dfrac{0.9 \times 10^3}{1.0 \times 10^2} = 0.8$	(2) $\sqrt{a+b+2\sqrt{ab}} = \sqrt{a} + \sqrt{b}\,(a>0, b>0)$

04 다음의 ≪조건≫에 따라 ≪출력형태≫와 같이 문서를 작성하시오.   110점

조건	(1) 그리기 도구를 이용하여 작성하고, 모든 도형(글맵시, 지정된 그림 포함)을 ≪출력형태≫와 같이 작성하시오. (2) 도형의 면색은 지시사항이 없으면 색 없음을 제외하고 서로 다르게 임의로 지정하시오.

출력형태

글상자 : 크기(90mm×15mm), 면색(빨강), 글꼴(돋움, 22pt, 하양), 정렬(수평·수직-가운데)

그림위치(내 PC₩문서₩ITQ₩Picture₩로고3.jpg, 문서에 포함), 크기(40mm×40mm), 그림 효과(회색조)

하이퍼링크 : 문서작성 능력평가의 **"내 손안에 동행하는 무역 파트너"** 제목에 설정한 책갈피로 이동

한국 수출입 동향

동향분석

Hankook Corporation

글맵시 이용 (육각형), 크기(50mm×40mm), 글꼴(돋움, 빨강)

크기(120mm×70mm)

직사각형 그리기 : 크기(12mm×12mm), 면색(하양), 글꼴(궁서, 20pt), 정렬(수평·수직-가운데)

직사각형 그리기 : 크기(7mm×7mm), 면색(하양을 제외한 임의의 색)

1 전년대비 24% 증가

2 무역규모, 세계 8위

3 반도체, IT품목 약진

글상자 이용, 선 종류(점선 또는 파선), 면색(색 없음), 글꼴(궁서, 18pt), 정렬(수평·수직-가운데)

크기(110mm×75mm)

글꼴 : 궁서, 18pt, 진하게, 가운데 정렬
책갈피 이름 : 무역통계　　덧말 넣기

무역통계 서비스

문단 첫 글자 장식 기능
글꼴 : 궁서, 면색 : 노랑

머리말 기능
돋움, 10pt, 오른쪽 정렬

한국무역통계진흥원
내 손안에 동행하는 무역 파트너

세 계 경제의 불확실성 증가와 글로벌화가 지속(持續)되고 있고 우리나라 경제 성장에 무역이 차지하는 비중이 절대적임을 고려할 때, 경제주체들에게 무역 통계 정보 활용의 중요성은 더욱 커져가고 있다. 2015년 공식 개원한 한국무역통계진흥원은 관세청 '무역통계 작성 및 교부업무 대행기관'으로서 대민 무역통계 보급 및 이용 활성화를 위해 다양한 정보서비스를 제공하고 있는 무역통계 전문기관이다.

한국무역통계진흥원은 이러한 세계 경제 전략과 정책의 고도화를 요구하는 무역 환경의 변화에 따른 각 무역 주체들의 요구에 부응(副應)하기 위해 설립된 무역통계 전문기관으로서 날로 다양화되고 있는 무역통계정보 수요에 더욱 적극적으로 대처하고 있다. 또한 무역통계에 대한 일반 국민들의 정보 접근성 제고와 이용 활성화를 위한 다각적인 노력을 지속적으로 하고 있으며 특히 단순한 무역통계자료 제공을 넘어서 이를 정보화, 지식화하는 서비스 고도화 노력◎을 통해 갈수록 치열해지는 세계무역환경에서 무역통계가 국내 기업들이 세계시장을 개척하고 이를 통해 국가경제를 성장시키는 가치 있는 정보로 널리 활용될 수 있도록 하는데 그 목적을 두고 있다.

각주

그림위치(내 PC\문서\ITQ\Picture\그림4.jpg, 문서에 포함)
자르기 기능 이용,
크기(40mm×40mm),
바깥 여백 왼쪽 : 2mm

♣ 설립 목적 및 주요 사업

글꼴 : 굴림, 18pt, 하양
음영색 : 빨강

① 설립 목적
　(ㄱ) 무역통계(정보) 교부 서비스 제공
　(ㄴ) 무역통계에 관한 연구 분석 업무 수행원
② 주요 사업
　(ㄱ) 무역통계서비스 관련 전산인프라 구축 및 운영 관리
　(ㄴ) 수출입통관정보 DB 운영 및 관리, 시스템 운영

♣ *추진전략 및 핵심가치*

글꼴 : 굴림, 18pt, 기울임, 강조점

추진전략	전문성 강화	지속가능경영 추구	비고
세부전략	전문인력 지속 육성	경영효율화 달성	국가무역통계 진흥
	새로운 IT, DT기술 접목	고객감동 윤리경영	
	정보 지식관계망 구축	사회적 책임 확대	
핵심가치	고객 만족, 그 이상의 고객 감동	정보제공, 그 이상의 가치 창출	
가치	상호신뢰, 고객 감동	전문역량, 가치혁신	

문단 번호 기능 사용
1수준 : 20pt, 오른쪽 정렬,
2수준 : 30pt, 오른쪽 정렬
줄 간격 : 180%

표 전체 글꼴 : 돋움, 10pt,
가운데 정렬
셀 배경(그러데이션) :
유형(가로),
시작색(하양), 끝색(노랑)

한국무역통계진흥원

글꼴 : 굴림, 24pt, 진하게
장평 110%, 오른쪽 정렬

◎ 2016년 5월 19일 빅데이터 기반의 무역통계정보분석서비스 개시

각주 구분선 : 5cm

쪽 번호 매기기
5로 시작
⑤

실전 모의고사 09회

수험번호 20251019　　정답파일 PART 04 실전 모의고사₩실전09회_정답.hwp

▶합격 강의

기능평가 ❶　　　　　　　　　　　　　　　　　　　　　　　　　　**150**점

01 다음의 ≪조건≫에 따라 스타일 기능을 적용하여 ≪출력형태≫와 같이 작성하시오.　　50점

조건	(1) 스타일 이름 – metaverse (2) 문단 모양 – 첫 줄 들여쓰기 : 10pt, 문단 아래 간격 : 10pt (3) 글자 모양 – 글꼴 : 한글(궁서)/영문(돋움), 크기 : 10pt, 장평 : 105%, 자간 : –5%
출력형태	Metaverse refers to a world in which virtual and reality interact and co-evolve, and social, economic, and cultural activities take place within them to create value. 　메타버스는 구현되는 공간이 현실 중심인지, 가상 중심인지, 구현되는 정보가 외부 환경정보 중심인지, 개인, 개체 중심인지에 따라 4가지 유형으로 구분된다.

02 다음의 ≪조건≫에 따라 ≪출력형태≫와 같이 표와 차트를 작성하시오.　　100점

표 조건	(1) 표 전체(표, 캡션) – 굴림, 10pt (2) 정렬 – 문자 : 가운데 정렬, 숫자 : 오른쪽 정렬　　(3) 셀 배경(면색) : 노랑 (4) 한글의 계산 기능을 이용하여 빈칸에 합계를 구하고, 캡션 기능 사용할 것 (5) 선 모양은 ≪출력형태≫와 동일하게 처리할 것

출력형태

AR 콘텐츠 시장 규모 및 전망(단위 : 천만 달러)

구분	2020년	2021년	2022년	2023년	합계
하드웨어	103	201	659	1,363	
게임	234	484	926	1,514	
전자상거래	71	198	417	845	
테마파크	172	192	375	574	

차트 조건	(1) 차트 데이터는 표 내용에서 연도별 하드웨어, 게임, 전자상거래의 값만 이용할 것 (2) 종류 – 〈꺾은선형〉으로 작업할 것 (3) 제목 – 돋움, 진하게, 12pt, 속성 – 채우기(하양), 테두리, 그림자(대각선 오른쪽 아래) (4) 제목 이외의 전체 글꼴 – 돋움, 보통, 10pt (5) 축제목과 범례는 ≪출력형태≫와 동일하게 처리할 것

출력형태

03 다음 (1), (2)의 수식을 수식 편집기로 각각 입력하시오.　　　　　　　40점

출력형태	
(1) $E = mr^2 = \dfrac{nc^2}{\sqrt{1 - \dfrac{r^2}{d^2}}}$	(2) $Q = \lim_{\triangle t \to 0} \dfrac{\triangle s}{\triangle t} = \dfrac{d^2 s}{dt^2} + 1$

04 다음의 ≪조건≫에 따라 ≪출력형태≫와 같이 문서를 작성하시오.　　　110점

조건	(1) 그리기 도구를 이용하여 작성하고, 모든 도형(글맵시, 지정된 그림 포함)을 ≪출력형태≫와 같이 작성하시오.
	(2) 도형의 면색은 지시사항이 없으면 색 없음을 제외하고 서로 다르게 임의로 지정하시오.

출력형태

글상자 : 크기(110mm× 15mm), 면색(파랑), 글꼴(돋움, 24pt, 하양), 정렬(수평 · 수직-가운데)

그림위치(내 PC\문서\ITQ\Picture\로고 3.jpg, 문서에 포함), 크기(40mm×40mm), 그림 효과(회색조)

하이퍼링크 : 문서작성 능력평가의 **"새로운 시대의 미래상 메타버스"** 제목에 설정한 책갈피로 이동

직사각형 그리기 : 크기(13mm×13mm), 면색(하양), 글꼴(궁서, 20pt), 정렬(수평 · 수직-가운데)

직사각형 그리기 : 크기(7mm×10mm), 면색(하양을 제외한 임의의 색)

크기(55mm×145mm)

메타버스 관련 주요 뉴스

뉴패러다임

크기(110mm×130mm)

글맵시 이용(물결 1), 크기(50mm×30mm), 글꼴(궁서, 빨강)

1 메타버스 시대 도래

2 메타버스는 인터넷 다음 버전

3 핵심 소셜 허브

글상자 이용, 선 종류(점선 또는 파선), 면색(색 없음), 글꼴(굴림, 18pt), 정렬(수평 · 수직-가운데)

글꼴 : 굴림, 18pt, 진하게, 가운데 정렬
책갈피 이름 : 메타버스   덧말 넣기

로그인 메타버스

머리말 기능
굴림, 10pt, 오른쪽 정렬

문단 첫 글자 장식 기능
글꼴 : 궁서, 면색 : 노랑

포스트 인터넷 시대
새로운 시대의 미래상 메타버스

메타버스란 가상과 현실이 상호작용하며 공진화하고 그 속에서 사회, 경제, 문화 활동이 이루어지면서 가치를 창출하는 세상을 뜻한다. 최근 새로운 시대의 미래상으로 메타버스를 주목 중이며 관련 시장도 급성장할 전망(展望)이다.

    메타버스는 3가지 측면에서 혁명적인 변화라고 할 수 있다. 먼저 편의성, 상호작용 방식, 화면 또는 공간 확장성 측면에서 기존 PC, 모바일 기반의 인터넷 시대와 메타버스 시대는 차이가 존재한다. AR 글라스 등 기존 휴대에서 착용의 시대로 전환되면서 편의성이 증대하였고, 상호작용은 음성, 동작, 시선 등 오감(五感)을 활용하는 것으로 발전하고 있다. 2D 웹 화면에서 화면의 제약이 사라진 3D 공간 웹으로 진화 중인 것이다. 두 번째는 기술적 측면이다. 메타버스를 구현하는 핵심기술은 범용기술의 복합체인 확장현실이다. 메타버스는 다양한 범용기술이 복합 적용되어 구현되며 이를 통해 현실과 가상의 경계가 소멸되고 있다. 세 번째는 경제적 측면이다. 메타버스 시대의 경제 패러다임으로 가상융합경제가 부상하고 있다. 메타버스[A]는 기술 진화의 개념을 넘어 사회경제 전반의 혁신적 변화를 초래하고 있다.

각주

그림위치(내 PC\문서\ITQ\Picture\그림4.jpg, 문서에 포함)
자르기 기능 이용,
크기(40mm×40mm),
바깥 여백 왼쪽 : 2mm

◆ 메타버스와 가상융합경제

글꼴 : 돋움, 18pt, 하양
음영색 : 파랑

- A. 경제 패러다임으로 가상융합경제에 주목
  - Ⓐ 기술 진화의 개념을 넘어, 사회경제 전반의 혁신적 변화를 초래
  - Ⓑ 실감경제, 가상융합경제의 개념이 대두
- B. 가상융합경제는 경험경제가 고도화된 개념
  - Ⓐ 경험 가치는 오프라인, 온라인, 가상융합 형태로 점차 고도화
  - Ⓑ 소비자들은 개인화된 경험에 대한 지불 의사가 높음

◆ 포스트 인터넷 혁명, 메타버스

글꼴 : 돋움, 18pt, 밑줄, 강조점

구분	1990년대 이전	1990년대 - 2020년대	2020년대 이후
정의	네트워크에 접속하지 않은 세계	네트워크 장치의 상호작용 세계	가상과 실재가 공존하는 세계
주요 특징	대면 만남 중심, 높은 보안	편리성 증대, 시간과 비용 절감	경험 확장 및 현실감 극대화
경제	오프라인 경제	온라인 중심 확장 경제	가상과 현실의 결합
비고	오프라인에서 온라인 확장으로	온라인 확장에서 가상 융합 확장으로	

문단 번호 기능 사용
1수준 : 20pt, 오른쪽 정렬,
2수준 : 30pt, 오른쪽 정렬
줄 간격 : 180%

표 전체 글꼴 :
굴림, 10pt, 가운데 정렬
셀 배경(그러데이션) :
유형(가로),
시작색(하양), 끝색(노랑)

소프트웨어정책연구소

글꼴 : 궁서, 24pt, 진하게
장평 95%, 오른쪽 정렬

Ⓐ 그리스어 메타(초월, 그 이상)와 유니버스(세상, 우주)의 합성어

각주 구분선 : 5cm

쪽 번호 매기기
5로 시작

마

실전 모의고사 10회

수험번호 20251020   정답파일 PART 04 실전 모의고사\실전10회_정답.hwp

기능평가 ❶
150점

01 다음의 ≪조건≫에 따라 스타일 기능을 적용하여 ≪출력형태≫와 같이 작성하시오.   50점

조건	(1) 스타일 이름 – family (2) 문단 모양 – 첫 줄 들여쓰기 : 10pt, 문단 아래 간격 : 10pt (3) 글자 모양 – 글꼴 : 한글(궁서)/영문(돋움), 크기 : 10pt, 장평 : 105%, 자간 : –5%
출력형태	Korean Institute for Healthy Family (KIHF) aims to improve the quality of life for various types of families, including single-parent and multicultural families. 한국건강가정진흥원은 건강한 가정과 가족 친화적 사회 분위기 조성에 기여하고, 국민들에게 보다 체계적인 가족 서비스를 제공할 수 있도록 그 역할에 충실하겠습니다.

02 다음의 ≪조건≫에 따라 ≪출력형태≫와 같이 표와 차트를 작성하시오.   100점

표 조건	(1) 표 전체(표, 캡션) – 굴림, 10pt (2) 정렬 – 문자 : 가운데 정렬, 숫자 : 오른쪽 정렬 (3) 셀 배경(면색) : 노랑 (4) 한글의 계산 기능을 이용하여 빈칸에 평균(소수점 두 자리)을 구하고, 캡션 기능 사용할 것 (5) 선 모양은 ≪출력형태≫와 동일하게 처리할 것

출력형태

유아 종일제 돌봄 건강보험료 본인 부담금(단위 : 천 원)

구분	3인	4인	5인	6인	평균
직장	73	84	92	101	
지역	80	97	110	122	
혼합	73	84	95	102	
소득 기준	2,530	2,930	3,270	3,580	

차트 조건	(1) 차트 데이터는 표 내용에서 구분별 직장, 지역, 혼합의 값만 이용할 것 (2) 종류 – 〈묶은 세로 막대형〉으로 작업할 것 (3) 제목 – 돋움, 진하게, 12pt, 속성 – 채우기(하양), 테두리, 그림자(대각선 오른쪽 아래) (4) 제목 이외의 전체 글꼴 – 돋움, 보통, 10pt (5) 축제목과 범례는 ≪출력형태≫와 동일하게 처리할 것

출력형태

03 다음 (1), (2)의 수식을 수식 편집기로 각각 입력하시오. 40점

출력형태	
(1) $Y = \sqrt{\dfrac{gL}{2\pi}} = \dfrac{gT}{2\pi}$	(2) $\dfrac{a^4}{T^2} - 1 = \dfrac{G}{4\pi^2}(M+m)$

04 다음의 ≪조건≫에 따라 ≪출력형태≫와 같이 문서를 작성하시오. 110점

조건	(1) 그리기 도구를 이용하여 작성하고, 모든 도형(글맵시, 지정된 그림 포함)을 ≪출력형태≫와 같이 작성하시오. (2) 도형의 면색은 지시사항이 없으면 색 없음을 제외하고 서로 다르게 임의로 지정하시오.

출력형태

글상자 : 크기(80mm×15mm), 면색(파랑), 글꼴(돋움, 24pt, 하양), 정렬(수평·수직-가운데)

그림위치(내 PC₩문서₩ITQ₩Picture₩로고3.jpg, 문서에 포함), 크기(40mm×40mm), 그림 효과(회색조)

하이퍼링크 : 문서작성 능력평가의 **"가족이 웃을 수 있는 세상"** 제목에 설정한 책갈피로 이동

글맵시 이용(물결 1), 크기(50mm×30mm), 글꼴(궁서, 빨강)

크기(110mm×140mm)

직사각형 그리기 : 크기(13mm×13mm), 면색(하양), 글꼴(궁서, 20pt), 정렬(수평·수직-가운데)

직사각형 그리기 : 크기(7mm×7mm), 면색(하양을 제외한 임의의 색)

글상자 이용, 선 종류(점선 또는 파선), 면색(색 없음), 글꼴(굴림, 18pt), 정렬(수평·수직-가운데)

크기(120mm×145mm)

아이돌봄 목적

건강가정

1 아동의 안전한 보호

2 부모의 일/가정 양립

3 돌봄 자원 창출

글꼴 : 굴림, 18pt, 진하게, 가운데 정렬
책갈피 이름 : 가족   덧말 넣기

문단 첫 글자 장식 기능
글꼴 : 궁서, 면색 : 노랑

가족 사랑

머리말 기능
굴림, 10pt, 오른쪽 정렬

가족의 행복
가족이 웃을 수 있는 세상

아 이돌봄 지원사업은 부모의 맞벌이 등으로 양육 공백이 발생한 가정의 만 12세 이하의 아동을 대상으로 아이돌보미가 찾아가는 돌봄서비스를 제공(提供)하여 부모의 양육부담을 경감하고 시설보육의 사각지대를 보완하고자 하는 정부 정책 사업입니다. 한국건강가정진흥원에서는 아이돌봄 지원사업의 원활한 서비스 운영을 위해 아이돌봄서비스 개발, 조사, 담당자 교육, 광역거점기관 및 서비스제공기관 지원Ⓐ, 평가, 컨설팅 등을 운영하고 있습니다. 개별가정 특성 및 아동발달을 고려하여 아동의 집에서 돌봄서비스를 제공하며 야간, 주말 등 틈새 시간에 '일시돌봄', '영아종일돌봄' 등 수요자가 원하는 서비스를 확충(擴充)해 나아가고 있습니다.

각주

아이돌봄서비스는 전 국민이 이용할 수 있는 전국 단위의 사업이지만 지역 또는 기관의 특성에 의해 동일한 서비스를 제공받지 못하는 상황이 발생할 수 있습니다. 따라서 한국건강가정진흥원에서는 각 기관 간의 사업운영 격차를 해소하고 담당자의 전문성을 강화하여 모든 수행기관에서 표준화된 품질의 서비스를 제공할 수 있도록 기관 및 광역거점 담당자를 대상으로 직무 교육을 실시하고 있습니다.

♥ 기업 방문형 가족친화 직장교육

글꼴 : 돋움, 18pt, 하양
음영색 : 파랑

그림위치(내 PC₩문서₩ITQ₩Picture₩그림4.jpg, 문서에 포함)
자르기 기능 이용,
크기(40mm×40mm),
바깥 여백 왼쪽 : 2mm

- i. 교육 기업에 맞춤화된 진행 방법
  - a. 전문 강사가 기업으로 직접 찾아가 진행하는 대면교육
  - b. 실시간 화상교육 시스템으로 진행하는 비대면 화상교육
- ii. 직원과 기업 모두에 도움을 줄 수 있는 교육 내용
  - a. 조화로운 삶을 향한 일, 가정, 생활의 균형
  - b. 출산, 양육친화적인 직장문화 조성을 위한 조직 차원의 전략

♥ 가족친화 경영 컨설팅 운영 형태

글꼴 : 돋움, 18pt, 밑줄, 강조점

유형	방법	컨설팅단 구성	신청 대상	비고
집단 컨설팅	그룹 워크숍	기업 4-5개를 1개 그룹으로 구성	제반 정보 희망 기업(관)	인증 전
자문 컨설팅	방문 컨설팅	기업 규모 및 컨설팅 내용에 따라 컨설턴트 1-2인 방문	제도 재검토 및 보완 필요 기업(관)	
		컨설턴트 1-2인 방문	가족친화 조직문화 조성 희망하는 인증 기업(관)	인증 후

문단 번호 기능 사용
1수준 : 20pt, 오른쪽 정렬,
2수준 : 30pt, 오른쪽 정렬
줄 간격 : 180%

표 전체 글꼴 :
굴림, 10pt, 가운데 정렬
셀 배경(그러데이션) :
유형(가로),
시작색(하양), 끝색(노랑)

한국건강가정진흥원

글꼴 : 궁서, 24pt, 진하게
장평 95%, 오른쪽 정렬

Ⓐ 서비스 제공기관의 서비스 질 향상 도모를 위해 사업현황 점검과 평가를 수행

각주 구분선 : 5cm

쪽 번호 매기기
5로 시작   ⑤

자격증은 이기적!

합격입니다.

MEMO